요한계시록 이야기

요한계시록 이야기

초판 1쇄 인쇄 2024년 9월 15일
초판 1쇄 발행 2024년 9월 20일

지은이 김병국
펴낸이 장대윤

펴낸곳 도서출판 대서
등록 제22-2411호
주소 서울시 서초구 방배동 981-56
전화 02-583-0612 / 팩스 02-583-0543
메일 daiseo1216@hanmail.net

디자인 참디자인(02-3216-1085)

ISBN 979-11-86595-87-9 (03230)

* 책 값은 뒤표지에 있습니다.
* 잘못된 책은 교환하여 드립니다.

요한계시록 이야기

THE STORY OF REVELATION

김병국 지음

도서출판 대서

요한계시록의 해석 방법은 정말로 다양합니다. 하지만 일단 어떤 한 가지 해석을 기본 골격으로 삼아야 그 다음 단계의 연구로 넘어갈 수 있습니다. 이 책은 요한계시록에 대한 가장 기본적인 해석을 소개하고 있습니다.

목차

01

요한계시록 1:1–8

요한에게 나타나신 예수님

> "볼지어다 그가 구름을 타고 오시리라 각 사람의 눈이 그를 보겠고 그를 찌른 자들도 볼 것이요 땅에 있는 모든 족속이 그로 말미암아 애곡하리니 그러하리라 아멘"(계 1:7)

요한은 요한계시록을 적기 시작하면서 그것이 자신이 임의로 적는 것이 아니라 예수 그리스도께서 친히 보여주신 것을 적는 것임을 분명히 합니다(2절). 3절의 원문은 "읽는 자"와 "듣는 자들"입니다(3절). 개역한글판에서 정확하게 번역했던 것을 개역개정판에서는 의역을 했습니다. 요한계시록이 기록되던 당시에는 문맹들이 대다수였기 때문에 한 사람이 앞에 나와서 읽으면(읽는 자) 나머지 회중들은 그것을 들었습니다(듣는 자들).

본문에서는 예수님께서 앞으로 다시 오실 것임을 강조합니다. 요한은 예수님을 소개하면서 "이제도 계시고 전에도 계셨고 장차 오실 이"(4절)라고 말합니다. 현재와 과거시제에서 '계시고'와 '계셨고'를 썼기 때문에 미래를 나타낼 때도 '계실 이'이라고 하는 것이 자연스럽습니다. 그런데 요한은 '계실 이'라고 하지 않고 '오실 이'라고 적었습니다. 이것은 예수님이 앞으로도 계속 계실 것이 확실한 것과 마찬가지로 재림하실 것이라는 것도 확실하다는 뜻입니다. 그리고 예수님의 구속사역에 대해 설명한 후(5, 6절) 그분께서 어떤 모습으로 재림하실 것인지를 이야기합니다(7절). 그리고 마지막 절에서는 4절과 같은 패턴이 반복되어 나타납니다. "이제도 있고 전에도 있었고"(8절)라는 소개 다음에 '앞으로도 있으실 자'가 아니라 "장차 올 자"라고 예수님을 소개하고 있는 것입니다.

요한계시록은 22장이나 되는 꽤 긴 책입니다. 그런데 그 책은 예수 그리스도의 계시로 이루어져 있습니다. 그렇기 때문에 1장에서는 우선 그런 계시를 주시는 예수님이 어떤 분이신가 하는 것이 설명되어 있습니다. 우리가 복음서를 통해 알고 있는 예수님은 낮아지시고 고난당하시는 분이십니다. 그러나 요한계시록의 예수님은 전혀 다릅니다. 보좌에 앉으셔서 성부 하나님과 동일한 영광과 찬송을 받으시고 무한한 권능을 행사하시는 분이십니다.

그런데 그런 예수님에 대한 소개의 첫 부분이 무엇을 강조하고 있습니까? 재림입니다. 예수님은 반드시 다시 오실 것입니다. 그것이 얼마나 확실하냐 하면 예수님이 영원부터 영원까지 존재하신다는 사실만큼이나 확실합니다. 우리는 그 사실을 전제로 해서 요한계시록을 읽어야 하고 남은 인생을 살아야 합니다. 예수님이 재림하신 후에는 영원한 천국과 영원한 지옥이 있을 뿐입니다. 중간은 없습니다. 우리에게 주어진 것은 오직 두 길 사이에서의 선택뿐입니다.

02

요한계시록 1:9-20

예수님의 계시를 전하게 된 경위

"내가 볼 때에 그의 발 앞에 엎드러져 죽은 자 같이 되매 그가 오른 손을 내게 얹고 이르시되 두려워하지 말라 나는 처음이요 마지막이니"(계 1:17)

예수님에 대한 소개를 마친 요한은 자신이 예수님의 계시를 전하게 된 경위를 설명합니다(9절). 그는 밧모 섬에 머무르고 있던 중 일곱 교회에 편지를 써 보내라는 음성을 듣고 이 글을 쓰게 되었습니다(11절). 그 음성의 주체를 알아보려고 몸을 돌렸을 때 요한은 예수님의 모습을 볼 수 있었습니다(12절).

일곱 금 촛대는 다양한 교회들을 뜻합니다(12절). 요한은 예수님을 "인자 같은 이"라고 표현하고 있는데 인자는 '사람의 아들'이라는 뜻으로서 예수님께서 세상에 계시는 동안, 정확하게는 공사역을 시작하신 후 십자가에 못 박히시기 직전까지 자신을 지칭하실 때 사용하셨던 용어입니다. 이것은 예수님 자신이 지금 낮아지신 상태에 있다는 사실을 스스로에게 일깨우시기 위해 사용하셨던 단어입니다. 복음서와 요한계시록에서의 예수님의 모습이 여기서 차이가 납니다. 요한계시록에서의 예수님은 한 없이 높아지신 분이십니다. 그런데 요한계시록은 예수님이 그렇게 높임과 찬양을 받으시는 이유를 한 없이 낮아지셨었기 때문이라고 설명합니다. 이 주제는 앞으로 계속 반복해서 등장합니다.

이제 복음서에서는 볼 수 없었던 예수님의 높아지신 모습이 등장합니다. 발에 끌리는 옷은 대제사장을 상징하고 가슴에 찬 금띠는 왕을 상징합니다(13절). 그분의 음성이 많은 물소리와 같다는 것은 하나님과 그리스도를 동일시하는 것입니다(15절). 에스겔 43:2은 "하나님의 영광이 동쪽에서부터 오는데 하나님의 '음성이 많은 물소리 같고' 땅은 그 영광으로 말미암아 빛나니"라고 말씀합니다. 예수님께서는 "네가 본 것과 지금 있는 일과 장차 될 일을 기록하라"(19절)고 하시는데 '네가 본 것'이 무엇인지는 20절이 알려주고 있습니다. "네가 본 것은 내 오른손의 일곱 별의 비밀과 또 일곱 금 촛대라"(20절). 지금 있는 일은 2, 3장의 내용, 그리고 장차 될 일은 6장 이하의 내용인 것 같습니다. 일곱 금 촛대는 일곱 교회를 뜻하고 일곱 별은 각 교회의 사자(angel)를 말합니다(20절). 교회 지도자를 천사라고 표현한 것은 좀 어색합니다. 아마도 교회의 거룩성을 드러내기 위한 표현인 것 같습니다.

예수님께서는 인자 즉 사람의 아들이 되셨던 분입니다. 끝까지 자신을 낮추심으로써 성부 하나님의 뜻을 이루셨습니다. 그렇기 때문에 이제 큰 영광을 누리십니다. 우리도 예수님을 본받아 자신을 낮추며 살 때 하나님께서 거룩한 영광으로 갚아주실 것입니다.

03

요한계시록 2:1–7

에베소 교회에 보내는 편지

"그러므로 어디서 떨어진 것을 생각하고 회개하여 처음 행위를 가지라 만일 그리하지 아니하고 회개하지 아니하면 내가 네게 가서 네 촛대를 그 자리에서 옮기리라"(계 2:5)

첫 번째 편지는 에베소 교회에 보내지는 것입니다. 예수님께서는 자신을 "오른손에 있는 일곱 별을 붙잡고 일곱 금 촛대 사이를 거니시는 이"(1절)라고 소개하십니다. 하나님께서는 상황에 따라 자신을 다르게 표현하십니다. 용기가 필요한 자들에게는 승리의 하나님 '여호와 닛시'로 자신을 드러내시고, 불안하여 하는 자들에게는 평강의 하나님 '여호와 샬롬'으로 자신을 나타내십니다. "오른손에 있는 일곱 별을 붙잡고 일곱 금 촛대 사이를 거니시는 이"(1절)라는 표현에서 알 수 있는 것은 하나님께서 지금 에베소 교인들을 격려하시기를 원하신다는 것입니다. 내가 너희의 모든 것을 알고(2절 상) 모든 것을 주관하고 있으니 힘 있게 나의 뜻에 순종하며 살라는 것입니다.

그들은 거짓 사도들에게 속지 않았고(2절 하) 예수님의 이름을 위하여 인내했습니다(3절). 거짓 사도들에게 속지 않았다는 것은 하나님의 말씀을 깊이 있게 연구하여 그 뜻을 알고 있었다는 뜻입니다. 그것은 칭찬을 받아 마땅한 일입니다. 그러나 그들은 그러면서 사랑이 식어져 버렸습니다(4절). 예수님에 대한 올바른 지식은 충만한데 가슴이 차갑게 되어버린 것입니다. 예수님을 기쁘시게 해 드리기 위해서는 올바른 지식과 뜨거운 사랑의 마음이 모두 있어야 합니다. 하나만으로는 부족합니다. 그래서 예수님께서는 어디서부터 잘못 되었는지를 되돌아보고 처음 행위를 회복하라고 권고하십니다(5절).

그런데 4절에서는 '처음 사랑'이라고 하셨던 것을 5절에서는 '처음 행위'라고 하신 것이 의미심장합니다. 예수님께서 요구하시는 사랑은 행위로 드러난 사랑이라는 것입니다. 이것은 야고보서의 말씀을 떠올리게 합니다. "만일 형제나 자매가 헐벗고 일용할 양식이 없는데 너희 중에 누구든지 그에게 이르되 평안히 가라, 덥게 하라, 배부르게 하라 하며 그 몸에 쓸 것을 주지 아니하면 무슨 유익이 있으리요"(약 2:15-16). 우리의 사랑은 궁핍한 자들의 필요를 실제로 채워주는 것으로 나타나야 합니다.

이것이 얼마나 중요한 문제인가 하는 것은 그렇게 하지 않을 경우 예수님이 그들에게 오셔서 촛대를 그 자리에서 옮겨버리시겠다는 경고에서 볼 수 있습니다. 교회를 아예 없애시겠다는 것입니다. 그들이 올바른 지식을 가졌다는 것에 대해서는 주님께서 칭찬을 아끼지 않으십니다. 그러나 그들에게 사랑이 없어졌을 때 예수님께서는 가장 엄한 경고를 보내십니다. 사랑이 없는 교회는 아예 교회가 아닌 것입니다.

04

요한계시록 2:8-11

서머나 교회에 보내는 편지

"너는 장차 받을 고난을 두려워하지 말라 볼지어다 마귀가 장차 너희 가운데에서 몇 사람을 옥에 던져 시험을 받게 하리니 너희가 십일 동안 환난을 받으리라 네가 죽도록 충성하라 그리하면 내가 생명의 관을 네게 주리라"(계 2:10)

예수님께서는 서머나 교인들에게 자신을 "처음이며 마지막이요 죽었다가 살아나신 이"라고 소개하십니다(8절). 처음이요 마지막이라는 것은 역사의 모든 부분을 살피고 계시다는 뜻이고, 죽었다가 살아나신 이라는 것은 내가 부활했으니 너희도 반드시 부활할 것이라는 뜻입니다. 서머나 교인들은 환난을 당하고 있습니다(9절). 그러나 그들은 혼자가 아닙니다. 처음이요 마지막이신 예수님께서 그들의 모든 것을 보고 계십니다. 그들 중 몇 사람은 옥에 던져져서 시험을 받게 될 것이고, 그들은 십 일 동안 환난을 받을 것입니다(10절 상). "네가 죽도록 충성하라"(10절 하)는 말씀이 있는 것으로 보아 그들 중 일부는 죽게 될지도 모릅니다. 그러나 걱정할 필요가 없습니다. 왜냐하면 그들은 부활할 것이기 때문입니다.

예수님께서는 환난과 궁핍을 당하고 있는 자가 실상은 부요한 자라고 하십니다(9절). 죽음이 인생의 끝이라고 생각하는 자들에게는 예수님을 믿는 자들이 어리석게 보일 것입니다. 그러나 죽음은 우리 존재의 끝이 아닙니다. 죽음 이후에는 영원한 천국과 영원한 지옥이 있습니다. 중간은 없습니다. 믿음을 지키기 위하여 이 세상에서 고난을 당하는 자의 앞에는 영원한 천국이 있습니다. 그는 가장 부요한 자입니다. 반대로 남은 몇 년의 인생을 부요하게 살기 위해 믿음을 포기하는 자들은 가장 어리석은 자들입니다. 그들 앞에 영원한 지옥이 기다리고 있기 때문입니다.

천국을 얻는 것이 얼마나 중요한가 하는 것이 서머나 교회에 대한 마지막 권면들 속에서 계속 강조되고 있습니다. 죽도록 충성하는 자들에게는 예수님께서 생명의 관을 주실 것입니다(10절). 생명의 관은 영생을 뜻합니다. 우리는 반드시 이것을 얻어야 합니다. 왜냐하면 지옥이 반드시 존재하기 때문입니다. 예수님께서는 "귀 있는 자는 성령이 교회들에게 하시는 말씀을 들을지어다"(11절 상)라고 말씀하십니다. 지옥에 대한 경고를 주시기 전에 그들의 관심을 일깨우시는 것입니다. 그러신 후 둘째 사망 즉 지옥에 대해 경고하십니다. "이기는 자는 둘째 사망의 해를 받지 아니하리라"(11절 하). 천국과 지옥이 존재합니다. 우리 인생은 짧습니다. 지혜로운 결단을 내리며 살아야 할 것입니다.

05

요한계시록 2:12-17

버가모 교회에 보내는 편지

"귀 있는 자는 성령이 교회들에게 하시는 말씀을 들을지어다 이기는 그에게는 내가 감추었던 만나를 주고 또 흰 돌을 줄 터인데 그 돌 위에 새 이름을 기록한 것이 있나니 받는 자 밖에는 그 이름을 알 사람이 없느니라"(계 2:17)

버가모 교회에 보내는 편지에서는 예수님께서 자신을 "좌우에 날선 검을 가지신 이"(12절)라고 소개하십니다. 이것은 용맹한 전사를 연상시킵니다. 버가모 교회는 과연 전사를 필요로 하는 곳입니다. 그것은 버가모가 "사탄의 권좌가 있는 데"(13절)이기 때문입니다. 이것은 우상숭배의 중심지라는 뜻입니다. 버가모 교인들은 잘 싸웠습니다. 안디바가 순교를 했을 때도 버가모 교인들은 믿음을 버리지 않았습니다(13절).

그러나 그들 중에는 발람의 교훈은 지키는 자들이 있었고(14절), 니골라 당을 따르는 자들도 있었습니다(15절). 이것은 에베소 교회의 모습과 대조적입니다. 에베소 교회는 성경공부에 열심이었습니다. 그래서 이단들이 발을 붙일 수 없었습니다. 하지만 버가모 교회에는 이단들이 있었습니다. 말씀으로 제대로 무장되어 있지 못했다는 뜻입니다. 하나님께 칭찬받는 교회가 되기 위해서는 말씀에도 제대로 서 있어야 하고 사랑도 넘쳐야 합니다. 이단을 용납하는 버가모 교회에 대해 예수님께서 "회개하라 그리하지 아니하면 내가 네게 속히 가서 내 입의 검으로 그들과 싸우리라"(16절)라고 경고하십니다.

예수님께서는 "귀 있는 자는 성령이 교회들에게 하시는 말씀을 들을지어다"(17절)라고 하셔서 듣는 자들의 주의를 환기시키신 후, 이기는 자에게는 감추었던 만나를 주실 것이라고 약속하십니다. 만나는 유대인들이 출애굽 이후 광야에서 먹었던 양식입니다. 하나님께서 풍성하고 기적적인 은혜를 버가모 교회에 베푸시겠다는 뜻입니다. 그리고 누군가의 이름이 새겨진 흰 돌을 주시겠다고 하십니다. 당시에 흰돌은 다양한 용도로 사용되었습니다. 재판석에서 배심원들에게는 흰돌과 검은 돌이 주어졌습니다. 피고인에 대한 심리를 마친 후 그가 무죄라고 생각하면 흰돌을 제출했고 유죄라고 생각하면 검은 돌을 제출했습니다. 이런 의미로 보자면 예수님께서 우리에게 흰돌을 주신다는 것은 우리의 모든 죄를 씻으시고 우리를 무죄한 자로 만드신다는 뜻입니다.

흰 돌은 또 다른 용도로도 사용되었는데 귀족들이 잔치에 상대방을 초청할 때 그의 이름을 흰 돌에 적어서 보냈습니다. 그러면 손님은 잔칫집 현관에서 그 돌을 보여주고 안으로 들어갔습니다. 이런 의미로 보자면 흰 돌은 천국잔치에 대한 초청장으로 해석될 수 있습니다. 예수님께서는 우리의 모든 것을 보고 계십니다. 그리고 그에 따른 정확한 징벌과 상급을 약속하고 계십니다.

06

요한계시록 2:18-29

두아디라 교회에 보내는 편지

"그러나 네게 책망할 일이 있노라 자칭 선지자라 하는 여자 이세벨을 네가 용납함이니 그가 내 종들을 가르쳐 꾀어 행음하게 하고 우상의 제물을 먹게 하는도다"(계 2:20)

두아디라 교회에 보내는 편지에서 예수님께서는 자신을 "그 눈이 불꽃같고 그 발이 빛난 주석과 같은 하나님의 아들"(18절)이라고 부르십니다. 눈이 불꽃같다는 것은 모든 것을 살피고 계시다는 뜻이고, 그 발이 빛난 주석 같다는 것은 그리스도의 모습이 장엄하고 권능이 있다는 뜻입니다. 예수님께서는 그들의 사업과 사랑과 믿음과 섬김과 인내의 성장함을 칭찬하신 후(19절) 그들을 책망하십니다.

먼저 이세벨이라는 여자를 용납함을 책망하십니다. 어떤 사본에는 '여자' 앞에 '너의'라는 소유격이 나옵니다. 그럴 경우 원문 해석자들은 이 여성을 담임 목사의 부인으로 해석을 합니다. 그녀는 성도들을 꾀어 그들이 행음하게 하고 우상의 제물을 먹게 했습니다(20절). 여기서 행음은 문자 그대로의 뜻일 수도 있고 우상숭배를 말할 수도 있습니다. 우상을 섬기는 일을 말할 것입니다. 그 일은 꽤 오래 전부터 이어진 것 같습니다. 왜냐하면 그것을 지금 처음 지적하시는 것이 아니라 이미 회개할 기회를 주었다고 하시기 때문입니다(21절). 회개하지 않는 자를 침상에 던질 것이라고 하는데(22절) 여기서 침상은 병상으로 번역할 수 있습니다. 병이 들어서 눕는 침상과 간통시의 침상 사이의 대조가 의도적으로 이루어진 것 같습니다. 하나님께서는 이세벨로 하여금 어떤 육체적인 질병에 걸리게 함으로써 그녀에게 벌을 내리실 것이라고 약속하십니다. 이와 같이 각 사람은 그의 행위대로 갚음을 받게 됩니다(23절).

24절에 "사탄의 깊은 것"이라는 표현이 나오는데 아마도 영지주의 교리를 말할 것입니다. 그들은 영과 육을 분리하고 영은 거룩하고 고귀한 것이지만 육은 악하고 천한 것이라고 가르쳤습니다. 그들은 그렇기 때문에 예수 그리스도께서는 육신을 입으실 수 없었다고 주장했습니다. 그런데 이것은 대단히 위험한 주장입니다. 왜냐하면 예수님이 육신을 입지 않으셨다면 완전한 인간이 되실 수 없었고, 만약 예수님이 완전한 인간이 아니셨다면 우리의 대표자로서 고난을 당하실 수 없었기 때문입니다. 그러면 십자자의 복음은 없어지는 것입니다. 예수님께서는 올바른 믿음을 굳게 잡으라고 하십니다(25절). 그리고 이기는 자들이 누릴 권세와 영광을 설명해 주십니다(26, 27절). 그들에게 주신다는 새벽 별은 예수님 자신을 뜻합니다. 예수님은 이단의 가르침을 거부하고 진리 편에 선 자들과 늘 함께 해 주시겠다고 약속하고 계신 것입니다.

07

요한계시록 3:1–6

사데 교회에 보내는 편지

"이기는 자는 이와 같이 흰 옷을 입을 것이요 내가 그 이름을 생명 책에서 결코 지우지 아니하고 그 이름을 내 아버지 앞과 그의 천사들 앞에서 시인하리라"(계 3:5)

예수님께서는 자신을 "하나님의 일곱 영과 일곱 별을 가지신 이"(1절)라고 소개하십니다. 이것은 예수님이 교회에 대해 절대적인 주권을 가지셨음을 의미합니다. 사데 교회는 라오디게아 교회와 더불어 칭찬이 없이 오직 질책만 받은 교회입니다. 그것도 약한 질책이 아니라 "네가 살았다 하는 이름은 가졌으나 죽은 자로다"(1절)라는 매우 엄한 질책입니다. 죽은 자라는 것은 사데 교회는 없는 것과 다름없는 교회, 존재가치가 없는 교회라는 뜻입니다. 그러면 그 이유는 무엇이겠습니까? 이 질책 바로 직전에 그 이유가 등장합니다. “내가 네 행위를 아노니”(1절)라는 말씀입니다. 그들이 믿는 자다운 행위를 전혀 보이지 않았다는 것입니다. 그렇기 때문에 그들은 죽은 자와 똑같다는 것입니다. 행위가 없는 믿음은 죽음 믿음입니다. 그들은 속히 회개하고 돌아서야 합니다. 왜냐하면 예수님께서 언제 재림하실지 알 수 없기 때문입니다(3절).

그러나 사데 교회에도 희망이 있습니다. 사데에 “그 옷을 더럽히지 아니한 자 몇 명”(4절)이 있기 때문입니다. 헬라어 원어로는 “몇 이름들이”입니다. 사람을 이름으로 표현하신 것은 그들의 이름이 예수님의 생명책에 적혀 있다는 뜻입니다. 그들은 대단한 사람들입니다. 누구나 환경의 지배를 받기 마련입니다. 사데 교회는 죽은 교회라는 판정을 받았습니다(1절). 그런데 그런 교회의 교인이면서도 어떤 이들은 예수님께서 인정하실 정도로 제대로 된 믿음과 행위를 지켰다는 것입니다. 이것이 어떻게 가능하겠습니까? 주변의 사람들이 아니라 하나님의 말씀 자체를 기준으로 살았기 때문입니다. 주변의 사람들을 기준으로 살았다면 그들 역시 죽은 믿음으로 만족하며 지냈을 것입니다. 그러나 하나님의 말씀을 기준으로 살았기 때문에 그들은 살아 있는 믿음과 살아 있는 실천을 고수할 수 있었던 것입니다.

예수님께서는 그들에게 상급을 약속하십니다. 이기는 자는 흰 옷(5절), 즉 예수님의 피로 죄를 씻은 성화의 옷을 입을 것이고, 그 이름이 생명책에서 결코 지워지지 않을 것입니다. 그리고 마지막 심판 날에 예수님께서 그들의 이름을 성부 하나님과 천사들 앞에서 시인해 주실 것입니다. 우리가 어떤 시대, 어떤 환경 속에서 살고 있든지 그것은 하나님 앞에서 우리의 불신과 악행에 대한 핑계가 될 수 없습니다. 우리는 행위로 믿음을 드러내며 살아야 합니다.

08

요한계시록 3:7–13

빌라델비아 교회에 보내는 편지

"이기는 자는 내 하나님 성전에 기둥이 되게 하리니 그가 결코 다시 나가지 아니하리라 내가 하나님의 이름과 하나님의 성 곧 하늘에서 내 하나님께로부터 내려오는 새 예루살렘의 이름과 나의 새 이름을 그이 위에 기록하리라"(계 3:12)

빌라델비아 교회에 보내는 편지에서는 우리가 예수님의 말씀을 인내를 가지고 지켜나가는 것의 중요성이 강조됩니다. 믿음을 지키는 자는 하나님께서 늘 견고하게 지키실 것입니다. 예수님께서는 자신을 "다윗의 열쇠를 가지신 이 곧 열면 닫을 사람이 없고 닫으면 열 사람이 없는"(7절) 존재라고 소개하십니다. 이 구절은 이사야 22:22을 연상시킵니다. 그곳에서 하나님께서는 하나님의 종 엘리아김 왕을 축복하시면서 "내가 또 다윗의 집의 열쇠를 그의 어깨에 두리니 그가 열면 닫을 자가 없겠고 닫으면 열 자가 없으리라"고 하십니다. 하나님이 붙드시는 자가 가지고 있는 절대적 권세를 강조하시는 내용입니다. 계시록 본문에서는 참된 왕이신 예수님이 그런 권세를 가지셨음을 말씀합니다. 주님께서는 신실한 종들을 위해 그 권능의 열쇠를 사용하실 것입니다.

작은 능력을 가지고서도 예수님의 말씀을 지키며 예수님의 이름을 배반하지 아니한 자들은 큰 복을 받을 것입니다. 예수님께서는 그들 앞에 열린 문을 두었는데 그 문을 능히 닫을 사람이 없을 것이라고 말씀하십니다. 열린 문은 물론 천국을 향한 문을 말합니다(마 7:13). 예수님께서는 인내를 가지고 진리에 충성하는 자들을 향해 늘 문을 열어 두십니다.

그리고 그들이 자신들의 구원을 확신할 수 있는 증거를 보여 주시겠다고 하십니다. 그들을 핍박했던 유대인들 중에서 몇 명이 회심을 하고 빌라델비아 교회에 와서 그들의 발 앞에서 절을 하게 만들겠다고 하십니다(9절). 이런 사건을 통해 빌라델비아 교회는 예수님께서 그들을 사랑하고 계신다는 사실을 확인하게 될 것입니다.

예수님의 진리의 말씀은 인내의 말씀입니다(10절). 인내를 가지지 않으면 계속해서 지켜나갈 수 없는 말씀이라는 뜻입니다. 그것은 어려운 일입니다. 그러나 거기에는 하나님의 커다란 보상이 뒤따릅니다. 그들은 장차 온 세상에 임하여 땅에 거하는 자들을 시험할 시험의 때를 면하게 될 것입니다(10절). 지금 작은 것을 견디면 장차 올 큰 고통을 받지 않게 된다는 것입니다. 따라서 그들은 지금 가지고 있는 그 신앙을 굳게 붙들어서 하나님이 주시는 면류관을 빼앗기지 않도록 해야 합니다(11절). 그들은 하나님의 성전에서 기둥과 같이 귀하게 쓰임을 받게 될 것입니다. 그리고 자신들 위에 거룩한 이름이 기록되는 영광을 누리게 될 것입니다(12절).

09

요한계시록 3:14-22

라오디게아 교회에 보내는 편지

"볼지어다 내가 문 밖에 서서 두드리노니 누구든지 내 음성을 듣고 문을 열면 내가 그에게로 들어가 그와 더불어 먹고 그는 나와 더불어 먹으리라"(계 3:20)

라오디게아 교회는 인간의 눈으로 볼 때는 부족한 것이 없어 보이는 교회였습니다. 그들도 스스로에 대해 말하기를 "나는 부자라 부요하여 부족한 것이 없다"(17절)라고 할 정도였습니다. 그러나 그들은 영적으로는 나약하고 부족하기 이를 데 없는 자들이었습니다(17절). 나약한 믿음은 형편없는 행위로 그 정체를 드러내게 마련입니다. 그들의 행위는 차지도 않고 뜨겁지도 않았습니다(15절). 이런 모습은 예수님이 아주 싫어

하시는 것입니다. 그래서 그들이 그런 상태에 머무른다면 예수님은 그들을 입에서 토하여 버릴 것이라고 말씀하십니다(16절).

다른 교회들은 하나님의 일을 하고 싶어도 자원이 없어서 하지 못하고 있었습니다. 그러나 라오디게아 교회는 충분한 자원을 가지고 있으면서도 열심이 없기 때문에 일을 이루어나가지 못하고 있었습니다. 이런 그들에게 예수님께서는 자신을 세 가지 표현으로 소개하십니다. 그것은 "아멘이시오 충성되고 참된 증인이시오 하나님의 창조의 근본이신 이"(14절)라는 것입니다.

아멘은 하나님의 말씀이나 기도에 대해 화답할 때 사용하는 표현입니다. 라오디게아 교인들이 믿음을 가지고 기도하고 실행하면 예수님께서 아멘으로 화답해 주시겠다는 것입니다. 그러나 그들은 실천하지 않았습니다. 예수님은 충성되고 참된 증인이십니다. 세상에 계시는 동안 제자들에게 많은 약속들을 남기셨습니다. 그 말씀을 붙들고 실천하면 충성되고 참된 증인이신 예수님께서 이루어 주실 것입니다. 그러나 라오디게아 교인들은 게을렀습니다. 예수님은 하나님의 창조의 근원이십니다. 다시 말해서 창조주시라는 것입니다. 세상을 창조하신 분께 불가능한 일은 없습니다. 창조주 하나님께 간절히 기도하면 이루어내지 못할 일이 없습니다. 그러나 라오디게아 교인들은 그렇게 하지 않았습니다.

그래서 예수님께서는 그들이 속히 영적으로 변화 받게 될 것을 강권하십니다. 그들은 예수님으로부터 "불로 연단한 금을 사서 부요하게 하고 흰 옷을 사서 입어 벌거벗은 수치를 보이지 않게 하고 안약을 사서 눈에 발라 보게"(18절) 하여야 합니다. 예수님은 그들에게 아직 희망을 가지고 계십니다. 그들의 문 밖에 서서 두드리고 계십니다(20절). 그분에게 응답하는 자들에게는 큰 상이 주어질 것입니다(21절).

10

요한계시록 4:1-11

말세의 역사를 주관하시는 분

"이 일 후에 내가 보니 하늘에 열린 문이 있는데 내가 들은 바 처음에 내게 말하던 나팔 소리 같은 그 음성이 이르되 이리로 올라오라 이 후에 마땅히 일어날 일들을 내가 네게 보이리라 하시더라"(계 4:1)

요한계시록 4장은 보좌에 앉으신 하나님의 엄위하시고 영광스러운 모습을 보여줍니다. 1장 1절은 이 책의 성격을 "예수 그리스도의 계시"라고 정의했습니다. 따라서 1장에서는 요한계시록이라는 계시의 책을 보여주시는 예수님이 어떤 분이신지를 설명했습니다. 그리고 2장, 3장에는 서신들이 등장합니다. 그 서신들이 거기 등장하는 이유는 다음과 같습니다. 4장부터 22장 마지막까지는 전 우주적 사건들이 등장합니다. 스케일이 무척 큽니다. 그러나 우리에게 막상 필요한 것은 그런 일들이 발생했을 때 교회 단위, 혹은 개인 단위로 해야 할 일은 어떤 것인가 하는 것입니다. 우리는 어떤 자세로 그런 전 우주적 사건들을 맞아야 합니까? 그것을 보여주는 것이 2장과 3장의 서신들입니다. 7개의 교회들은 똑같은 상황 속에 있는 것이 하나도 없습니다. 모든 교회들의 상황이 각각 다 다릅니다. 각 상황 속에서 교회와 개인이 어떻게 처신해야 하는가 하는 것을 2장과 3장이 보여줍니다.

이제 4장 이후에는 "이 후에 마땅히 일어날 일들"(1절)이 계시됩니다. 그런데 그 일들을 주권적으로 주장하시는 분은 하나님이십니다. 그래서 4장은 그 하나님이 어떤 하나님이신지를 설명합니다. 그리고 4장 이후의 역사를 전개시켜 나가기 위해서는 죽임 당하신 어린 양이신 예수님이 필요합니다. 그래서 5장에서는 예수님이 소개되고 6장 이후로는 말세의 역사가 실제로 전개되어 나가는 과정을 보여줍니다.

하나님께서는 보좌 위에 앉아 계십니다(2절). 그분의 모양은 벽옥과 홍보석 그리고 녹보석 같았습니다(3절). 이것은 하나님의 영광과 아름다움을 나타냅니다. 보좌에 무지개가 둘려 있다는 것은 언약에 충실하신 하나님의 성품을 드러냅니다(3절). 하나님께서는 노아의 홍수 사건 이후 다시는 물로 세상을 심판하지 않으시겠다고 하시면서 "내가 내 무지개를 구름 속에 두었나니 이것이 나와 세상 사이의 언약의 증거니라"(창 9:13)라고 하셨습니다. 그러므로 보좌 주위에 무지개가 있었다는 것은 꼭 노아와의 언약만이 아니라 하나님께서 친히 말씀하신 모든 언약의 내용을 하나님께서 늘 상기하고 계시다는 것을 뜻합니다. 보좌 주변의 이십 사 장로들은 구약의 열두 족속과 신약의 열두 사도를 뜻합니다. 하나님께서 주의 백성들을 늘 돌보시며 그들과 함께 하심을 의미합니다.

11

요한계시록 5:1-14

죽임 당하신 어린 양

"장로 중의 한 사람이 내게 말하되 울지 말라 유대 지파의 사자 다윗의 뿌리가 이겼으니 그 두루마리와 그 일곱 인을 떼시리라 하더라"(계 5:5)

5장에서는 갑자기 두루마리가 등장합니다. 그것은 하나님의 오른손에 쥐어져 있으며 안팎으로 썼고 일곱 인으로 봉하여져 있습니다(1절). 그 두루마리의 내용은 앞으로 전개될 세상의 역사입니다. 일곱 인을 뗄 때마다 세상 속에서 큰 사건들이 발생한다는 사실이 그것을 증명합니다. 그것이 하나님의 오른손에 있다는 것은 그 역사를 예정하신 분이 하나님이라는 사실을 가리킵니다. 그리고 그 두루마리가 안팎으로 쓰였다는 사실은 하나님께서 이후의 역사를 아주 구체적이고 확정적으로 기록해 놓으셨기 때문에 누구도 거기에 가감할 수가 없음을 뜻합니다. 일곱 개의 인(영어로는 seal)으로 봉해져 있다는 것은 지금까지 그 내용이 철저히 비밀로 숨겨져 있었음을 뜻합니다.

누군가가 그 인을 떼어야 합니다. 그래야 하나님이 예정하신 정의로운 역사가 세상에 실행될 것입니다. 아무도 그 인을 떼지 못한다면 세상은 사탄이 계획했던 대로 엉망진창인 상태로 흘러가버리고 말 것입니다. 그래서는 안 됩니다. 반드시 정의가 승리해야 하고 의인들이 보상을 받아야 하며 죄인들은 자신의 죄에 합당한 처벌을 받아야 합니다. 세상의 마지막 역사는 그렇게 진행되어야만 합니다. 그러나 요한이 아무리 모든 곳을 살펴보아도 그 두루마리의 인을 뗄 자가 없었습니다(3절). 그래서는 안 되는 것입니다. 이 세상의 역사가 이렇게 허무하게 끝나서는 안 되는 것입니다. 그래서 요한은 크게 울었습니다(4절). 그러자 장로 중의 한 사람이 요한을 위로합니다. "유대 지파의 사자(lion) 다윗의 뿌리가 이겼으니 그 두루마리와 그 일곱 인을 떼시리라"(5절)고 말합니다.

그래서 요한이 눈을 들어 보았는데 장로의 말과는 달리 뜻밖의 것을 보게 됩니다. 장로는 유대 지파의 사자에 대해 말했는데 요한의 눈으로 보는 것은 네 생물과 장로들 사이에 선 한 어린 양이었습니다(6절). 더구나 그 양은 일찍이 죽음을 당한 것 같은 모습이었습니다. 성경에서 양을 죽인다고 할 때 사용하는 동사에 두 가지가 있습니다. 하나는 제사장이 속죄제사를 위해 양을 죽이는 것입니다. 이것은 단시간에 가능한 한 고통을 최소화해서 죽이는 것을 말합니다. 둘째는 말 그래도 학살하는 것을 말합니다. 고통을 최대화해서 잔인하게 죽이는 것을 말합니다. 그런데 이곳에서 어린 양에게 사용된 동사는 두 번째 것입니다. 가장 잔인하고 끔찍한 죽음, 즉 십자가의 죽음을 당하신 어린 양 예수를 뜻합니다. 예수님께서 인들을 떼실 것이고 하나님의 역사가 펼쳐질 것입니다.

12

요한계시록 6:1-8

첫째 인부터 넷째 인까지를 떼심

"이에 내가 보니 흰 말이 있는데 그 탄 자가 활을 가졌고 면류관을 받고 나아가서 이기고 또 이기려고 하더라"(계 6:2)

드디어 어린 양이신 예수님께서 인을 떼십니다. 이후에 벌어지는 일들은 두루마리에 적혀 있던 일들입니다. 첫째 인을 떼시자 흰 말이 나오는데(2절) 이 말은 그 이후에 등장하는 말들과 좀 다릅니다. 다른 말들의 경우 전쟁, 기근, 전염병 등을 뜻하는데 흰 말을 탄 자가 하는 일은 그저 "이기고 또 이기려고 하더라"라고만 되어 있습니다. 그래서 이 첫 말은 어떤 재앙을 상징하는 것이 아니라 큰 재앙 이전에 하나님께서 복음 전도의 역사를 크게 이루시는 것을 뜻한다는 해석이 있습니다. 사람들에게 회개의 기회를 주시는 것입니다. 그 근거로는 성경에서 흰 색이 부정적으로 사용된 용례가 거의 없다는 것과, 요한계시록 14:7 이하에서 세 천사들이 재앙과 경고를 선포할 때도 첫 천사는 복음을 전했다는 것을 들 수 있습니다. 그러나 나머지 말들이 모두 재앙을 상징하는데 첫 번째 말은 복음을 뜻한다고 하는 것은 어색하다는 의견도 있습니다. 하지만 면류관을 받고 나아가서 계속 승리한다는 것은 복음전파에 더 잘 어울리는 표현인 것 같습니다.

두 번째 인을 떼시자 붉은 말이 나옵니다. 그는 지상에서 화평을 제하여 버리고 서로 죽이게 합니다(4절). 즉 전쟁이 발생하도록 한다는 것입니다. 큰 칼을 받았다는 것은 전쟁의 규모가 무척 크다는 것을 뜻합니다. 세 번째 인을 떼시자 이번에는 검은 말이 나타납니다(5절). 그가 나타나자 곡식들의 물가가 크게 오릅니다. 학자들의 계산에 따르자면 "한 데나리온에 밀 한 되요 한 데나리온에 보리 석 되"(6절)라는 것은 평소의 물가보다 최소 8배, 혹은 더 높게 잡았을 때는 15배에 달하는 가격이라고 합니다. 사람들은 경제적으로 고통을 받습니다. 그런데 이어서 "감람유와 포도주는 해치치 말라"(6절)는 말씀이 나옵니다. 이것에 대해서는 여러 가지 해석이 존재합니다. 그것들이 생활필수품이었으므로 아직은 견딜만한 재앙이라는 해석이 있습니다. 하지만 밀과 보리도 역시 생활 필수품이었기 때문에 그런 해석은 어색해 보입니다. 성경에서 감람유나 포도주는 종교와 밀접한 연관이 있는 물품이기 때문에 비록 경제적으로는 어려워지지만 아직 종교적 자유를 해치지는 않는다는 해석이 더 나아 보입니다. 네 번째 인을 떼시자 청황색 말이 나오는데 그것을 탄 자의 이름은 사망입니다(8절). 그는 땅 사분의 일의 사람들이 전쟁, 기아, 폭력 등을 통해 죽게 만듭니다. 청황색이라는 것은 사망의 창백함을 의미합니다. 위의 재앙들로 인한 죽음이 매우 고통스러운 것임을 나타냅니다.

13

요한계시록 6:9–17

다섯째 인과 여섯째 인을 떼심

"각각 그들에게 흰 두루마기를 주시며 이르시되 아직 잠시 동안 쉬되 그들의 동무 종들과 형제들도 자기처럼 죽임을 당하여 그 수가 차기까지 하라 하시더라"(계 6:11)

예수님께서 다섯 째 인을 떼실 때에 요한은 복음 때문에 죽임을 당한 영혼들 즉 순교자들의 영혼들이 제단 아래에 있는 것을 봅니다(9절). 이것은 구약의 제사의식에서 희생의 피가 제단 바닥에 부어졌던 것을 상기시킵니다. "제사장은 … 송아지의 피 전부를 회막 문 앞 번제단 밑에 쏟을 것이며"(레 4:7). 하나님께서는 순교자들의 피를 소중히 여기십니다. "그의 경건한 자들의 죽음은 여호와께서 보시기에 귀중한 것이로다"(시 116:15).

그들이 큰 소리로 하나님께 외쳐 구하는 것은 자신들을 죽였던 자들에 대한 복수입니다(10절). 어떤 이들은 복수를 원하는 이런 기도는 비기독교적인 것이라고 생각할 것입니다. 성경은 항상 용서와 사랑을 말씀하고 있기 때문입니다. 그러나 다음 절에서 하나님의 응답이 긍정적임에 유의해야 합니다(11절). 하나님께서는 이런 기도를 인정해 주신다는 것입니다. 하나님은 우리의 아픔을 아신다는 것입니다. 하나님은 차가운 법전이 아니십니다. 우리가 울 때 함께 아파하시는 분이십니다. 그리고 그들의 기도는 감정적인 것이 아니라 하나님의 정의의 실현을 보고 싶다는 갈망에서 나온 것이었습니다.

여섯 번째 인을 떼시자 하늘과 땅에 큰 재앙이 닥칩니다. 땅에서는 큰 지진이 나고 해가 검어지고 달이 피같이 되며(12절) 하늘의 별들이 땅으로 떨어집니다(13절). 하늘은 두루마리가 말리는 것처럼 떠나가고 산과 섬들이 제자리에게 옮겨집니다(14절). 이중에서 가장 문자적으로 해석하기 어려운 것이 하늘의 별들이 땅으로 떨어진다는 것인데 학자들은 대개 유성들이 대규모로 떨어지는 유성우(雨)로 해석합니다.

중요한 것은 지상에 있는 자들의 반응입니다. 그들은 이 모든 재앙들을 하나님의 진노로 해석합니다(16절). 거기에는 빈부귀천이 따로 없습니다(15절). 모든 자들이 그런 해석을 합니다. 그들이 아직 살아 있을 때 그런 해석을 하고 있다는 것은 하나님께서 그들에게 회개의 기회를 주시고 계시다는 증거입니다. 우리는 구약 선지서들과 요한계시록에서 길게 설명되고 있는 하나님의 진노의 말씀을 읽으며 마음의 부담을 느낄 때가 있습니다. 하지만 그 말씀들은 우리에 대한 하나님의 증오의 표시가 아닙니다. 천국과 지옥이 완전히 나뉘는 마지막이 오기 전에 어서 한 사람이라도 더 회개하고 하나님의 품으로 돌아오리는 하나님의 사랑의 표현입니다. 자비로우신 하나님을 찬양합시다.

14

요한계시록 7:1-8

십사만사천의 성도들

"내가 인침을 받은 자의 수를 들으니 이스라엘 자손의 각 지파 중에서 인침을 받은 자들이 십사만 사천이니"(계 7:4)

요한은 네 천사가 땅 네 모퉁이에 선 것을 봅니다. 그들은 지상에 바람이 불지 못하게 만듭니다(1절). 네 모퉁이란 동서남북을 뜻하는 것으로서 지상의 모든 곳이 빠짐없이 이 일에 연루된다는 것을 말합니다. 구약 성경에서 바람은 전쟁을 뜻합니다. "하늘의 사방에서부터 사방 바람을 엘람에 오게 하여 그들을 사방으로 흩으리니"(렘 49:36).

요한이 그 다음에 보는 장면은 네 천사들이 하나님의 종들의 이마에 인을 치는 장면입니다(4절). 그들에게 인을 친다는 것은 그들이 하나님께 속한 자들임을 증명하는 것을 말합니다. "여호와께서 이르시되 너는 예루살렘 성읍 중에 순행하여 그 가운데에서 행하는 모든 가증한 일로 말미암아 탄식하며 우는 자의 이마에 표를 그리라"(겔 9:4). 그리고 하나님의 소유로 인치심을 받은 자들은 다른 자들과는 완전히 다른 대우를 받게 됩니다. "그들에게 이르시되 땅의 풀이나 푸른 것이나 각종 수목은 해하지 말고 오직 이마에 하나님의 인침을 받지 아니한 사람들만 해하라 하시더라"(계 9:4).

하나님의 인치심을 받지 못한 자들은 해함을 받습니다. 그렇다면 우리는 여기서 그들이 받는 보호하심이란 어떤 것일지를 생각해 보게 됩니다. 종말이 올 때까지 그들은 아무 고생도 하지 않고 고통을 겪지 않게 된다는 말은 아닙니다. 왜냐하면 요한계시록은 주의 신실한 자들이 사탄의 세력에 의해 고난을 당하는 이야기로 가득 차 있기 때문입니다. 그들에 대한 보호는 그들이 믿음을 잃지 않도록 보호해 주심을 말합니다. 인생에서 가장 중요한 싸움은 내가 영원한 생명을 얻을 것인가 아니면 지옥으로 던져질 것인가 사이의 싸움임을 잊지 말아야 합니다. 천국과 지옥은 영원합니다. 이 세상에서 어떤 고난을 당하든, 혹은 심지어 죽임을 당하든, 끝까지 믿음을 지켰다면 그는 승리자입니다. 하나님께서는 인 맞은 자들이 어떤 상황에서도 믿음을 지키며 인생을 끝낼 수 있도록 그들을 보호하십니다. 4절 이하에 등장하는 이스라엘 지파의 이름들은 상징적으로 해석해야 합니다. 왜냐하면 주전 722년에 북이스라엘이 앗수르에게 망한 후 북쪽 10지파는 역사에서 사라졌고 지난 2천 년을 지내는 동안 이스라엘은 지파의 구분이 의미가 없어졌기 때문입니다. 그러므로 각 지파에서 골고루 일만 이천 명씩을 택하셨다는 것은 하나님께서 인종과 지역에 상관없이 모든 인간들 가운데서 골고루 구원의 역사를 이루신다는 의미로 해석해야 합니다.

15

요한계시록 7:9-17

성도들을 위로하심

"이는 보좌 가운데에 계신 어린 양이 그들의 목자가 되사 생명수 샘으로 인도하시고 하나님께서 그들의 눈에서 모든 눈물을 씻어 주실 것임이라"(계 7:17)

십사만사천의 무리를 본 후에 요한은 아무도 능히 셀 수 없는 큰 무리가 흰 옷을 입고 하나님께 찬양을 드리는 모습을 봅니다(9절). 이 무리가 앞서 나왔던 십사만 사천과 같은 이들인가에 대해서는 논란이 있습니다. 십사만사천을 문자 그대로 이스라엘 각 지파로 보는 이들은 이 큰 무리와 앞의 무리가 서로 다르다고 봅니다. 반면 그들을 모범적인 기독교인들의 상징으로 보는 이들은 십사만 사천과 지금의 큰 무리가 같은 이들이라고 봅니다. 드라마나 영화에서 장면이 바뀌어도 등장하는 무리는 같은 경우가 있습니다. 여기도 그렇게 보아야 할 것입니다.

그들이 큰 소리로 하나님을 찬양하자(10절) 모든 천사들도 그들의 찬양에 화답하여 하나님을 찬양합니다(12절). 요한계시록 5장 12절과 13절에도 화답하는 찬송이 등장합니다. 찬송은 이렇게 화답하며 하는 것이 아름답습니다. 요한이 이 찬송을 듣고 있을 때 장로 중 하나가 "이 흰 옷 입은 자들이 누구며 또 어디서 왔느냐"(13절)라고 묻습니다. 그런데 이 질문은 몰라서 묻는 것이 아닙니다. 그는 대답을 알고 있습니다. 그가 알면서도 요한에게 질문을 던진 이유는 그 대답이 매우 중요한 내용을 담고 있기 때문에 그것을 강조하기 위해서입니다. 그 대답이 무엇입니까? "이는 큰 환난에서 나오는 자들인데 어린 양의 피에 그 옷을 씻어 희게 하였느니라"(14절)입니다. 그들이 지금 큰 소리로 찬양을 드리는 이유는 어린 양의 피 즉 예수 그리스도의 십자가의 피로 그들의 죄를 깨끗이 씻었기 때문입니다.

예수 그리스도의 피로 죄 사함을 얻었기 때문에 그들이 누리는 축복은 15절 이하에서 계속 설명됩니다. 그들은 하나님의 보좌 앞에 있을 것입니다. 즉 하나님의 임재를 즐기며 살게 될 것입니다. 보좌에 앉으신 이가 그들 위에 장막을 치실 것입니다. 즉 하나님의 보호를 받을 것입니다. 그들은 다시는 주리지도 아니하며 목마르지도 아니하고 해(sun)나 아무 뜨거운 기운에 상하지도 아니할 것입니다. 즉 그들은 하나님의 세심한 돌보심 가운데서 살게 될 것입니다.

하나님의 구원하심은 우리의 죄를 씻어주심에서 끝나는 것이 아닙니다. 우리가 천국에 이르기까지 그분이 우리를 인도하시고, 세심하게 보살펴 주시고, 우리를 보호해 주십니다. 나중에 우리도 보좌 앞에서 똑같은 찬양을 올려드리게 될 것입니다.

16

요한계시록 8:1-13

첫 번째부터 네 번째 나팔

"또 다른 천사가 와서 제단 곁에 서서 금 향로를 가지고 많은 향을 받았으니 이는 모든 성도의 기도와 합하여 보좌 앞 금 제단에 드리고자 함이라"(계 8:3)

여섯째 인을 뗄 때까지는 각 인을 뗄 때마다 거기에 해당하는 재앙들이 있었습니다(계 6:12). 그런데 일곱째 인을 떼시자 하늘이 반 시간 쯤 고요하게 됩니다(1절). 여기에 대해서는 세 가지 해석이 있습니다. 첫째, 연이은 재앙 후의 고요함은 오히려 공포를 배가시킨다는 해석, 둘째, 잠시 동안의 고요한 시간은 죄인들로 하여금 반성하고 회개할 기회를 주는 것이라는 해석, 셋째, 앞으로 닥칠 일곱 나팔 재앙은 성도들의 기도에 대한 응답의 성격이 강하므로(3절) 고요한 시간은 성도들의 기도의 양이 채워지기까지 기다리는 시간이라는 해석이 그것입니다. 세 가지 해석 모두 일리가 있다고 봅니다.

나팔을 불 일곱 천사들 외에 또 다른 천사가 많은 향을 받았습니다(3절). 그것은 그 향과 성도들의 기도를 합하여 보좌 앞 금 제단에 드리기 위해서입니다. 향연이 성도의 기도와 함께 하나님 앞으로 올라갑니다(4절). 천사는 향로에 제단의 불을 담아다가 땅에 쏟습니다(5절). 그러자 지상에서는 우레와 음성과 번개와 지진이 발생합니다(5절).

여기서 우리는 몇 가지 사실에 주목해야 합니다. 첫째는 하나님께서는 고난당한 성도들의 기도의 응답으로 지상에 재앙을 내리셨다는 사실입니다. 3절은 향과 성도의 기도가 합해졌다고 말씀하는데 요한계시록 5:8은 향 자체도 성도의 기도를 뜻한다고 말씀합니다. "이 향은 성도의 기도들이라". 하나님은 오래 참으시는 분이시지만 끝까지 참기만 하시는 하나님은 아니십니다. 둘째, 하나님께서는 주님의 일을 하실 때 성도들의 기도에 대한 응답으로 일을 하시기를 기뻐하신다는 것입니다. 이런 예는 구약에도 나옵니다. 하나님께서는 무너졌던 예루살렘 성을 다시 흥왕하게 만드실 것이라고 에스겔에게 말씀하십니다. 하지만 그 장 마지막에서 이렇게 말씀하십니다. "그래도 이스라엘 족속이 이같이 자기들에게 이루어 주기를 내게 구하여야 할지라"(겔 36:37). 셋째, 나팔 재앙은 지상의 성도들에게는 영적인 해를 입히지 않을 것이라는 사실입니다. 첫째 나팔부터 넷째 나팔까지는 주로 그 재앙의 대상이 자연입니다. 땅의 삼분의 일(7절), 바다의 삼분의 일(8절). 물의 삼분의 일(11절), 그리고 해, 달, 별의 삼분의 일(12절)이 해를 받습니다. 그 이후에 본격적으로 인간들에 대한 재앙이 시작되는데 하나님께서는 다섯째 나팔을 불었을 때 "오직 이마에 하나님의 인침을 받지 아니한 사람들만 해하라"(계 9:4)고 말씀하십니다. 왜냐하면 이 재앙들은 성도들의 기도에 대한 응답이기 때문입니다.

17

요한계시록 9:1–12

다섯 번째 나팔

"그들에게 이르시되 땅의 풀이나 푸른 것이나 각종 수목은 해하지 말고 오직 이마에 하나님의 인침을 받지 아니한 사람들만 해하라 하시더라"(계 9:4)

이제 다섯째 천사가 나팔을 붑니다. 첫째부터 넷째 나팔은 주로 자연에 영향을 미쳤으나 나머지 세 나팔들은 그 주요대상이 사람입니다. 그래서 바로 이전 구절인 요한계시록 8:13은 "땅에 사는 자들에게 화, 화, 화가 있으리니 이는 세 천사들이 불어야 할 나팔 소리가 남아 있음이로다"라고 말합니다. 하늘에서 땅에 떨어진 별이란(1절) 타락한 어떤 존재를 말합니다. 그가 무저갱을 여니 큰 화덕의 연기 같은 연기가 올라와서 해와 공기가 그 구멍의 연기 때문에 어두워집니다. 무저갱은 적그리스도나 마귀가 갇혀 있는 처소로 사용됩니다(눅 8:31; 계 11:7; 20:3). 그곳에서 황충이 나오는데 그는 전갈의 권세와 같은 권세, 즉 사람들을 괴롭힐 수 있는 권세를 받았습니다(3절).

황충의 위협적인 모습은 구약 요엘 2:4-10에서 잘 묘사되고 있습니다. "그 앞에서 땅이 진동하며 하늘이 떨며 해와 달이 캄캄하며 별들이 빛을 거두도다"(욜 2:10). 다만 요엘서와의 차이는 요엘서에서의 황충은 실제적인 벌레를 가리키는 반면 현재 본문에서의 황충은 어떤 무서운 존재를 상징적으로 묘사하고 있다는 점입니다. 그런데 그들이 괴롭힐 수 있는 대상은 하나님의 백성이 아닙니다. 그들은 오직 "이마에 하나님의 인침을 받지 아니한 사람들"(4절)만 해할 수 있습니다. 하나님께서 성도들을 보호하시는 것입니다. 황충은 사람들을 다섯 달 동안 괴롭게 하는데(5절) 사람들은 고통 때문에 죽기를 구해도 죽음이 그들을 피합니다(6절). 고통이 올 때 어떤 이들은 죽음이 모든 것의 마지막이라고 생각하고 죽음을 선택합니다. 그러나 죽음은 마지막이 아닙니다. 모든 이들의 죽음 이후에 그들을 기다리는 것은 천국 아니면 지옥입니다. 중간은 없습니다. 그들이 다섯 달 동안 고통을 당하며 죽음을 당하지 못하도록 하시는 것은 어떤 면에서는 그들에게 회개의 기회를 주시는 것입니다. 그러나 그들은 완악한 자들입니다. 회개하고 하나님께 돌아온다는 기록은 없습니다.

7-10절은 황충들의 모양을 묘사합니다. 무시무시하고 강력한 전투 장비를 갖추었습니다. 그러나 그들의 권세는 다섯 달로 정해져 있습니다(10절). 악인들의 힘이 엄청난 것 같아도 하나님의 섭리 속에서만 활동할 뿐입니다. 그들의 왕의 이름은 히브리어로는 아바돈, 헬라어로는 아볼루온인데 각각 '파멸,' 그리고 '파멸자'를 뜻합니다. 그는 성도들을 해치고 싶었겠지만 하나님의 섭리 때문에 자기편의 사람들만 해치고 맙니다.

18

요한계시록 9:13-21

여섯 번째 나팔

"이 재앙에 죽지 않고 남은 사람들은 손으로 행한 일을 회개하지 아니하고 오히려 여러 귀신과 또는 보거나 듣거나 다니거나 하지 못하는 금, 은, 동과 목석의 우상에게 절하고"(계 9:20)

여섯째 천사가 나팔을 붑니다(13절). 나팔 재앙들 중 마지막 세 가지는 사람들을 주요대상으로 하고 있습니다. 그런데 다섯째 나팔에서와 마찬가지로 이번에 고난을 당하는 사람들도 성도들이 아니라 죄인들입니다. 그것은 20절과 21절 말씀을 통해 알 수 있습니다. "이 재앙에 죽지 않고 남은 사람들은 손으로 행한 일을 회개하지 아니하고 … 그 살인과 복술과 음행과 도둑질을 회개하지 아니하더라."

성령께서 함께 하시는 성도들의 특징은 어려운 일이 임할 때 '혹시 이것이 하나님의 징계가 아닐까'라고 생각하며 회개하는 자세를 취한다는 것입니다. "주께서 그 사랑하시는 자를 징계하시고 그가 받아들이시는 아들마다 채찍질하심이라"(히 12:6). 그러나 하나님을 대적하는 자들의 특징은 끝까지 고집을 부린다는 것입니다. 회개하지 않는 자의 최후는 멸망입니다.

여섯째 천사가 나팔을 불자 금 제단 네 뿔에서 한 음성이 들립니다. 이 제단은 향단(香壇)인데 그것은 성도들의 기도와 연관되어 있습니다. "그 두루마리를 취하시매 네 생물과 이십사 장로들이 그 어린 양 앞에 엎드려 각각 거문고와 향이 가득한 금 대접을 가졌으니 이 향은 성도의 기도들이라"(계 5:8). 이것은 여섯째 나팔로 인한 재앙이 성도들의 기도에 대한 응답임을 상징적으로 묘사해 주고 있습니다.

나팔 가진 여섯째 천사는 결박되어 있던 네 천사를 놓아주는데(14절) 그들은 정해진 시간에 사람 삼분의 일을 죽이기로 예정된 자들입니다(15절). 성경, 특히 요한계시록에서 넷이라는 숫자는 주로 온 세상을 의미합니다(동서남북). 이것은 이 재앙의 범위가 전 세계에 이를 것임을 알려 줍니다. 16-19절은 사람들을 해치는 마병대의 모습을 묘사하고 있습니다. 그들은 자기들의 입에서 나오는 불과 연기와 유황으로 사람들의 삼분의 일을 죽입니다(18절). 아마도 어떤 종류의 화력무기들을 상징할 것입니다.

그런데 회개하지 않고 재앙을 당하는 자들은 무신론자들이 아닙니다. 그들은 재앙을 당하는 중에도 "금, 은, 동과 목석의 우상에게"(20절) 절을 하고 그들에게 도움을 구합니다. 그들은 신을 구하되 자신들의 탐욕, 자신들의 죄악을 눈감아 줄 수 있는 편리한 신을 섬기고 있었던 것입니다. 우리 하나님은 그런 자들을 용서 없이 심판하십니다.

19

요한계시록 10:1-11

영광스러운 모습의 천사

"내가 천사에게 나아가 작은 두루마리를 달라 한즉 천사가 이르되 갖다 먹어 버리라 네 배에는 쓰나 네 입에는 꿀 같이 달리라 하거늘"(계 10:9)

이제 우리는 사건 전개상 일곱째 나팔을 가진 천사를 기다리고 있습니다. 그런데 전혀 다른 천사가 등장합니다. 그의 머리 위에는 무지개가 있고 그 얼굴은 해와 같고 그 발은 불기둥 같습니다(1절). 이 영광스러운 모습 때문에 어떤 이들은 이 천사가 예수님일지 모른다고 생각합니다. 하지만 그것은 아닙니다. 첫째, 성경에서는 예수님을 천사라고 부른 적이 없습니다. 둘째, 이 천사는 6절에서 창조주 하나님을 향하여 맹세를 하고 있는데 이것은 천사에게는 자연스러운 것이지만 예수님에게는 불가능한 일입니다. 왜냐하면 예수님 자신이 창조주이시기 때문입니다.

영광스러운 모습을 한 천사가 나타난 이유는 일곱째 천사가 나팔을 불 때에 발생할 일의 중요성을 강조하기 위해서입니다(7절). 그 일은 영광스럽고 장엄하고 중요한 일입니다. 그렇기 때문에 그 일을 전하는 천사 자신도 엄위하고 영광스러운 모습으로 나타난 것입니다(1, 2절). 그는 일곱째 천사가 나팔을 부는 날 하나님의 그 비밀이 이루어질 것이라고 말합니다(7절). 그 비밀의 의미에 대해서는 여러 해석이 있습니다. 하지만 그 의미를 알 수 있는 가장 간단한 방법은 천사가 실제로 일곱째 나팔을 불었을 때 어떤 일이 벌어지는 지 미리 살짝 엿보는 것입니다. 요한계시록 11:15은 이렇게 말씀합니다. "일곱째 천사가 나팔을 불매 하늘에 큰 음성들이 나서 이르되 세상 나라가 우리 주와 그의 그리스도의 나라가 되어 그가 세세토록 왕 노릇 하시리로다 하니"

무슨 뜻입니까? 우리 주 곧 하나님과 그의 아들 예수 그리스도의 왕권이 세세토록 완전하게 된다는 것입니다. 예수님께서 십자가에서 죽으심으로 마귀는 쫓겨났습니다. "이제 이 세상에 대한 심판이 이르렀으니 이 세상의 임금이 쫓겨나리라"(요 12:31). 그러나 마귀는 아직도 불법적으로 세상에서 활동하고 있습니다. 그러나 일곱째 나팔이 울려 퍼지면 더 이상 그런 파렴치한 불법행위는 용납되지 않을 것입니다. 마귀의 권세는 영원히 사라지고 하나님이 세세토록 왕 노릇을 하게 되실 것입니다. 이제 그 마지막 일들이 이루어질 것입니다. 그 일을 전하기 위해 요한이 부름을 받습니다(11절). 즉 천사에게서 두루마리를 받는 것입니다(10절). 그것을 먹자 입에서는 꿀처럼 달지만 배에서는 쓰게 됩니다. 하나님의 말씀을 받아 이해하는 것은 한량없이 즐거운 일입니다. 그러나 그것을 전하는 것은 쓰고 힘든 일입니다. 그러나 요한은 끝까지 순종합니다.

20

요한계시록 11:1-13

두 증인의 사역

"만일 누구든지 그들을 해하고자 하면 그들의 입에서 불이 나와서 그들의 원수를 삼켜 버릴 것이요 누구든지 그들을 해하고자 하면 반드시 그와 같이 죽임을 당하리라"(계 11:5)

하늘의 음성은 요한으로 하여금 하나님의 성전과 제단 그리고 그 안에서 경배하는 자들을 측량하게 합니다(1절). 이것은 그것들이 하나님의 소유이며 보호의 대상임을 뜻합니다. 그러나 성전 바깥 마당은 측량의 대상에서 제외됩니다(2절). 하나님의 보호의 대상으로 인정되지 못한 것들은 마흔두 달 동안 이방인들에 의해 짓밟히게 됩니다.

하나님께 권세를 받은 두 증인이 등장합니다. 그들은 굵은 베옷을 입고 천이백육십 일 동안 예언을 하게 됩니다(3절). 굵은 베옷은 슬픔과 회개를 뜻합니다. 그리고 천이백육십 일은 달리 표현하면 마흔 두 달 혹은 삼년 반입니다. 요한계시록에서 환난의 기간으로 흔히 등장하는 기간입니다(계 11:2, 3; 12:6, 14; 13:5). 이 두 증인이 활동을 하는 기간은 환난과 위기의 기간이라는 뜻입니다. 그러나 하나님께서는 그들에게 권세를 주십니다. 만일 누구든지 그들을 해하고자 하면 그들의 입에서 불이 나와서 그들의 원수를 삼켜 버릴 것입니다(5절). 또 두 증인은 하늘을 닫아 비가 오지 못하게 할 수도 있고 물을 피로 변하게 할 수도 있습니다(6절). 이것은 엘리야와 모세의 사역을 떠올립니다. 상대가 완악하고 강한 만큼 하나님께서도 그들에게 강력한 권세를 주신 것입니다.

그들은 무저갱으로부터 올라오는 짐승에 의해 죽임을 당합니다(7절). 그러나 이것을 이상하게 생각할 필요는 없습니다. 성경은 분명히 "그들이 그 증언을 마칠 때에" 죽임을 당했다고 말씀합니다(7절). 하나님의 종들은 하나님이 맡기신 사명을 다 한 후에야 세상을 떠날 수 있습니다. 하나님이 맡기신 사명을 수행하는 동안에는 세상의 그 무엇도 하나님의 종들을 해할 수 없습니다.

악한 자들은 두 증인의 시체를 무덤에 장사하지 못하게 방치합니다(9절). 이것은 죽은 자들에 대한 큰 모욕입니다. 그러나 반전이 일어납니다. 삼 일 반 후에 그들이 부활한 것입니다(11절). 만일 그들이 두 증인들의 시체를 삼일 반 동안 구경하며 모욕하지 않았었더라면 그들이 정말로 죽었다가 부활한 것이 아니라고 둘러댈 수도 있었을 것입니다. 그러나 이제는 할 말이 없습니다. 모욕의 기간은 죽음에 대한 증거의 기간이 되었습니다. 부활한 자들이 하늘로 올라가자(12절) 그들을 모욕하던 이들도 어쩔 수 없이 하나님께 영광을 돌리게 됩니다(13절). 모든 일은 합력하여 하나님께 영광이 됩니다.

21

요한계시록 11:14-19

일곱 번째 나팔

"일곱째 천사가 나팔을 불매 하늘에 큰 음성들이 나서 이르되 세상 나라가 우리 주와 그의 그리스도의 나라가 되어 그가 세세토록 왕 노릇 하시리로다 하니"(계 11:15)

일곱 나팔 재앙들 중 첫 네 재앙들은 주로 자연에 영향을 미칩니다(계 8:7-12). 나머지 세 나팔 재앙에 대해 요한계시록은 특별히 첫째 화, 둘째 화, 셋째 화라는 명칭을 붙이고 있습니다. 이것들은 하나님을 대적하는 자들을 그 대상으로 합니다(계 9:4). 이제 일곱째 천사가 나팔을 붑니다(15절). 그런데 곧장 어떤 재앙이 나타나지 않습니다. 성경은 그 순간의 하늘과 땅의 상태를 설명해 주고 있습니다.

일곱 째 천사가 나팔을 불자 하늘에 큰 음성들이 나서 하나님을 찬양합니다. 찬양의 내용은 세상에 대한 하나님의 영원한 왕권입니다(15절). 이어서 이십사 장로가 얼굴을 땅에 대고 하나님을 경배하며 찬양하는데(16절) 그 내용도 전능하신 하나님께서 큰 권능을 가지신 왕이시라는 것입니다(17절). 이것은 앞으로 발생할 일들이 모두 하나님의 권세 아래에서 일어날 것이며 정의롭고 공평한 일이 될 것이라는 것을 가리킵니다.

이 때 땅에 있는 이방들은 분노합니다(18절). 그들은 하나님의 뜻이 이루어지는 것보다 자신들의 뜻이 이루어지기를 바라는 자들입니다. 그런데 하나님의 권세에 막혀 자신들의 뜻이 이루어지지 못하자 분노하는 것입니다. 이들에 대해 주의 진노가 내립니다(18절). 그분은 죽은 자를 심판하시는 분이십니다. 하나님은 성도의 억울한 죽음에 대해 반드시 보응을 해 주십니다. 공의로운 심판자이신 하나님은 "작은 자든지 큰 자든지 주의 이름을 경외하는 자들에게 상 주시며 또 땅을 망하게 하는 자들을 멸망시키"시는(18절) 분이십니다. 그들은 땅을 망하게 하는 자들이므로 멸망을 당합니다. 하나님께서는 악인들을 무조건 멸망시키시는 것이 아니라 그들의 일에 합당하게 그들을 벌하십니다.

한글 성경에는 그 다음 19절 첫 부분에 '이에'가 있어서 앞부분과의 인과관계를 나타내는 듯하지만 헬라어 원문에는 '이에'가 없습니다. 그냥 하나님의 성전이 열린 것을 본 것입니다. 성전 안에 있는 언약궤가 보이며 "번개와 음성들과 우레와 지진과 큰 우박"(19절)이 지상에 쏟아집니다. 언약궤는 하나님의 임재와 언약에의 신실성을 뜻합니다. 이 모든 재앙들이 언약궤가 보인 후 나타났다는 것은 그것들이 절대 우연이 아니며 하나님의 세심하신 섭리에 따라 정의롭게 나타났다는 것을 뜻합니다. 요한계시록에 나타나는 재앙에는 우발적이거나 편파적인 것이 없습니다. 모든 재앙들은 과하거나 모자라지 않게 하나님의 뜻에 따라 정확하게 악인들에게 부어집니다.

22

요한계시록 12:1-9

철장으로 만국을 다스릴 아이의 탄생

"여자가 아들을 낳으니 이는 장차 철장으로 만국을 다스릴 남자라 그 아이를 하나님 앞과 그 보좌 앞으로 올려가더라"(계 12:5)

오늘 본문은 예수님의 탄생의 과정을 영적인 관점에서 상징적으로 설명해 주고 있습니다. 먼저 본문은 이것을 '큰 이적'(1절)이라고 지칭합니다. 여기서 사용된 원어의 뜻은 기적이 아니라 '표적'(sign)이라는 뜻입니다. 그러므로 우리는 이 부분을 상징적으로 해석해야 하는데 큰 이적이니 매우 중요한 상징이라는 것입니다. 한 여인이 아들을 낳으려고 합니다(2절). 그 아들은 "장차 철장으로 만국을 다스릴 남자"(5절)입니다. 이 남자의 정체가 예수님이라는 데 대해서는 모든 해석자들의 의견이 일치합니다. 다만 그의 어머니로 묘사된 여인이 무엇을 상징하느냐에 대해서는 다양한 의견들이 있습니다. 로마 가톨릭 교회에서는 그녀를 성모 마리아라고 주장하지만 그것은 마리아에 대한 어처구니없는 신격화의 결과이고 또 예수님을 낳은 후 삼년 반 동안 광야로 도망하여 있었다는 6절의 내용 등과도 맞지 않기 때문에 우리는 그 의견을 무시합니다.

그 여인은 매우 영광스러운 모습을 하고 있습니다. "해를 옷 입은 한 여자"는 "그 발 아래에는 달이 있고 그 머리에는 열두 별의 관을 썼"습니다(1절). 해, 달, 별을 자기 권세 아래 두었다는 뜻입니다. 하나님 이외에 이런 권세를 가진 것은 교회밖에 없습니다. "교회는 그의 몸이니 만물 안에서 만물을 충만하게 하시는 이의 충만함이니라"(엡 1:23). 이것은 구약과 신약의 성도들로 이루어진 총체적인 교회입니다.

여인이 겪는 해산의 고통은 예수님이 오시기 전에 주의 언약 백성들이 겪었던 수많은 환난을 뜻합니다(2절). 이 여인을 대적하는 자가 있는데 큰 붉은 용입니다(3절). 그것 역시 '이적'이라고 지칭되고 있으니 상징으로 해석되어야 합니다. 그것은 머리가 일곱이요 뿔이 열입니다. 용은 사탄입니다. 용이 붉다는 것은 그가 살기에 차 있다는 것을 뜻합니다. 일곱 머리는 하나님을 대적하는 적그리스도의 나라들을 뜻합니다. 그리고 요한계시록에서 뿔은 항상 하나님을 대적하는 왕을 뜻합니다. 일곱은 하나님의 수인데 이를 사탄이 도용하고 있고 열(10)은 이 세상의 세속적인 수입니다. 그가 여인의 출생을 방해하지만(4절) 아기는 무사히 태어나고(5절) 하나님이 정하신 처소에서 일정한 기간 동안 보호를 받습니다(6절). 그 다음 7-9절에서는 용이 미가엘과 천사들에게 패배하여 땅으로 내쫓기는 장면이 나옵니다. 사탄 마귀는 하나님의 역사를 방해하기 위해 나름대로 최선을 다하지만 승리는 항상 하나님의 것입니다. 위대하신 하나님을 높여 드립시다.

23

요한계시록 12:10-17

여자를 핍박하는 용

"또 우리 형제들이 어린 양의 피와 자기들의 증언하는 말씀으로써 그를 이겼으니 그들은 죽기까지 자기들의 생명을 아끼지 아니하였도다"(계 12:11)

요한계시록 12:10-12은 하늘에서 들리는 큰 음성을 소개하고 있습니다. 하나님의 권세가 나타나서 우리를 참소하던 자가 쫓겨났습니다(10절). 이것은 그리스도의 십자가로 말미암아 사탄이 쫓겨난 것을 말합니다. "이제 이 세상에 대한 심판이 이르렀으니 이 세상의 임금이 쫓겨나리라"(요 12:31). 그리고 믿는 자들이 그를 이기는데 그 수단이 두 가지입니다. 그것은 "어린 양의 피와 자기들의 증언하는 말씀"(11절)입니다. 성도들이 예수 그리스도의 복음을 바로 전할 때에 하나님이 승리의 능력을 그들에게 주신 것입니다. 십자가 사건을 통해 패배를 경험한 사탄은 분노하여 사람들이 거하는 땅과 바다로 내려갑니다(12절).

용은 땅으로 내쫓긴 후 남자를 낳은 여자를 핍박합니다(13절). 여기서 용은 사탄, 남자는 예수 그리스도, 여자는 교회를 상징합니다. 하나님께서는 교회를 보호하십니다. 교회는 큰 독수리의 두 날개를 받아 광야 자기 곳으로 날아가서 뱀 즉 사탄의 낯을 피하여 한 때와 두 때와 반 때를 양육 받습니다(14절). 이것은 하나님께서는 그 어떤 상황에서도 믿는 자들에게 필요한 것을 공급하시고 그들을 보호하신다는 뜻입니다. 사탄이 성도들을 해칠 수 있는 것도 일정한 기간뿐입니다. 단 우리는 순교도 하나님의 보호의 결과라는 것을 알아야 합니다. 우리로 하여금 믿음을 버리지 않도록 지켜 주신 것이기 때문입니다.

뱀이 여자를 향하여 물을 강같이 토하여낸다는 것은(15절) 무수한 환난을 말합니다. 그러나 땅이 여자를 도와 그 강물을 다 삼켜 버립니다(16절). 사탄의 계교는 하나님이 정해 놓으신 일정한 한계를 넘어설 수 없습니다. 무슨 일을 하건 자기 뜻대로 되지 않는 것을 본 사탄은 분노하여 여자에게서 돌아섭니다. 그리고 "그 여자의 남은 자손 곧 하나님의 계명을 지키며 예수의 증거를 가진 자들과 더불어 싸우려고 바다 모래 위에" 섭니다(17절). 여기서 여자는 집합적인 교회를 뜻하고 계명을 지키며 예수의 증거를 가진 자들은 개인으로서의 신자들을 뜻합니다. 사탄은 교회 자체를 없애는 데는 실패했습니다. 그렇기 때문에 이제 성도 개개인들을 부수기 위해 그들을 대적합니다. 하나님께서 의로운 성도들을 표현하실 때 예수의 증거를 가진 자뿐만 아니라 하나님의 계명을 지키는 자라고 하신 것에 주목해야 합니다. 올바른 믿음에는 항상 올바른 순종이 따릅니다.

24

요한계시록 13:1-10

바다에서 나온 짐승

"사로잡힐 자는 사로잡혀 갈 것이요 칼에 죽을 자는 마땅히 자기도 칼에 죽을 것이니 성도들의 인내와 믿음이 여기 있느니라"(계 13:10)

바다에서 한 짐승이 나오는데 뿔이 열이요 머리가 일곱입니다(1절). '바다'는 세상 모든 나라들과 그 정부를 총칭한 것으로 볼 수 있습니다(계 17:15). '바다'와 연관되어 나타나는 짐승은 구약 성경의 리워야단을 연상시킵니다(시 74:13, 14). 그 짐승을 표현하면서 표범, 곰, 사자 등이 사용되는데(2절) 이것은 다니엘 7:3-8의 짐승들과 유사합니다. '표범'은 신속함과 무자비함을, '곰'은 힘과 끈기를, '사자'는 권세와 지배력을 상징합니다. 전체적으로 이 짐승은 말세에 나타날 적그리스도와 그의 왕국으로 해석되어야 할 것입니다.

그런데 그 짐승의 일곱 머리들 중 하나가 "상하여 죽게 된 것 같더니 그 죽게 되었던 상처가 나으매 온 땅이 놀랍게 여겨 짐승을"(3절) 따릅니다. 짐승은 예수님의 죽음과 부활을 흉내 내려 합니다. 그러나 예수님의 죽음은 참된 죽임이었지만 짐승은 겨우 '죽게 된 것 같게'만 연기를 할 뿐입니다. 그래도 온 땅은 그 짐승을 따릅니다. 용이 짐승에게 권세를 주자 사람들은 용과 짐승에게 경배를 하며 "누가 이 짐승과 같으냐 누가 능히 이와 더불어 싸우리요"(4절)라고 말합니다. 이것은 열왕기하에서 앗수르의 랍사게가 한 말과 많이 유사합니다. "민족의 모든 신들 중에 누가 그의 땅을 내 손에서 건졌기에 여호와가 예루살렘을 내 손에서 건지겠느냐"(왕하 18:35). 이런 식으로 하나님을 대적한 자들은 항상 멸망을 당했습니다.

짐승은 마흔두 달 일할 권세를 받아 하나님을 모독하고(5절) 하늘에 있는 하나님의 백성들을 비방합니다(6절). 그는 심지어 성도들과 싸워 이기기도 하고 전 세계를 다스릴 권세를 받습니다(7절). 이렇게 되자 생명책 즉 천국에 들어갈 자들의 목록에 기록되지 못한 자들은 그 권세에 눌리고 유혹에 넘어져

서 결국 그 짐승에게 굴복하고 맙니다. 그 때 하나님의 경고가 들립니다. "사로잡힐 자는 사로잡혀 갈 것이요 칼에 죽을 자는 마땅히 자기도 칼에 죽을 것"이라는 내용입니다. 헬라어 원문상 이 구절은 두 가지 해석이 가능합니다. 하나는 하나님이 성도들이 당한 그대로 복수해 주실 것이라는 해석이고, 다른 하나는 만사는 하나님께서 미리 정해두신 대로 이루어질 것이라는 해석입니다. 그런데 10절 마지막 부분 "성도들의 인내와 믿음이 여기 있느니라"라는 말씀은 하나님의 적극적인 복수와 더 잘 어울리는 것 같습니다. 하나님은 우리의 고난을 귀하게 보십니다.

25

요한계시록 13:11-18

땅에서 올라오는 짐승

"지혜가 여기 있으니 총명한 자는 그 짐승의 수를 세어 보라 그것은 사람의 수니 그의 수는 육백육십육이니라"(계 13:18)

바다에서 올라온 짐승에 이어 땅에서 올라오는 짐승이 등장합니다(11절). 이 짐승 역시 큰 권세를 가지고 땅에 있는 사람들을 위협합니다(12절). 그는 큰 이적을 행하는데 "심지어 사람들 앞에서 불이 하늘로부터 땅에 내려오게"(13절) 합니다. 이 기적은 사람들로 하여금 엘리야 선지자가 번제를 드릴 때 하늘에서 불이 내려왔던 사건이나(왕상 18:38), 엘리야가 오십부장들과 그 부하들에게 불을 내렸던 사건을(왕하 1:10) 떠올리게 할 것입니다. 짐승들은 성경에 나타난 이적들을 행함을 통해 가능하면 믿는 자들까지도 미혹시키려고 하는 것입니다.

짐승은 사람들로 하여금 바다에서 올라온 짐승의 우상을 만들도록 하고(14절) 강제로 그 우상에게 경배하도록 만듭니다(15절). 그리고 모든 사람들로 하여금 그 오른손이나 이마에 표를 받게 합니다(16절). 이 표는 짐승의 이름 혹은 짐승의 숫자인데 이 표를 가진 자 외에는 매매를 못하게 합니다(17절). 여기서 표를 문자적으로 해석하는 사람들도 있는데 꼭 그럴 필요는 없습니다. 왜냐하면 요한계시록 전체에 걸쳐서 생명책에 이름이 적힌 자들과 사탄에게 속한 자들이 구분되어 나타나는데, 전자는 하나님의 인이나 측량 혹은 이름을 받은 자들로 상징적으로 묘사되어 있고, 후자는 짐승의 표를 받은 자들로 묘사되어 있기 때문입니다. 하나님의 표가 상징이라면 사단의 표도 상징이어야 할 것입니다. 그리고 요한계시록 13:18은 "지혜가 여기 있으니 총명한 자는 그 짐승의 수를 세어 보라"라고 말씀합니다. 만약 여기서 표가 문자적이고 666이라는 수도 문자적이라면 이것을 세기 위해 지혜와 총명이 필요하지는 않을 것입니다. 왜냐하면 어린아이라도 그 표식 자체는 알아볼 것이기 때문입니다. 그것이 상징적이기 때문에 그것을 알아보는 데 지혜가 필요한 것입니다.

육백육십육의 의미는 정확히 아는 사람은 없습니다. 2세기 말에 활동했던 교부 이레네우스도 육백육십육의 의미를 확신 있게 말하지 못했습니다. 헬라어와 히브리어는 각 스펠링마다 숫자를 나타내기 때문에 666에 대해 여러 해석이 이루어졌지만(네로 황제, 로마, 심지어 히틀러) 확정된 것은 없습니다. 칠(7)은 하나님의 수입니다. 그래서 777은 삼위일체 하나님을 뜻합니다. 사탄은 삼위일체 하나님을 흉내 내기 위해 최선을 다하지만 결국 666밖에는 이루지 못한다는 설명이 제일 좋은 것 같습니다.

26

요한계시록 14:1–5

십사만사천의 성도들

"이 사람들은 여자와 더불어 더럽히지 아니하고 순결한 자라 어린 양이 어디로 인도하든지 따라가는 자며 사람 가운데에서 속량함을 받아 처음 익은 열매로 하나님과 어린 양에게 속한 자들이니"(계 14:4)

요한이 보니 어린 양이 시온 산에 서 계시고 그곳에 십사만 사천이 서 있습니다(1절). 이들은 7장에 등장했던 자들과 같은 무리로서 모범적인 신자들 혹은 아마도 순교자들을 지칭할 것입니다. 그들의 찬양 소리는 많은 물소리 혹은 큰 우렛 소리처럼 힘이 넘칩니다. 그리고 거문고에 맞춰 부르는 것처럼 질서가 있습니다(2절). 그들이 부르는 노래는 이전에는 없던 새 노래인데 "땅에서 속량함을 받은 십사만 사천밖에는 능히 이 노래를 배울 자가"(3절) 없습니다. 왜 다른 사람은 그 노래를 배울 수조차 없습니까? 그 노래는 구원받은 기쁨과 찬양의 노래이기 때문입니다. 다른 이들은 그 기쁨을 알 리가 없습니다. 그러므로 그들밖에는 이 노래를 배울 수 없는 것입니다.

이 사람들은 "여자와 더불어 더럽히지 아니하고 순결한 자"(4절)입니다. 성경 특히 요한계시록에서 여자와 더불어 자신을 더럽혔다는 것은 우상을 숭배했다는 뜻입니다(계 2:20). 그들은 끝까지 신앙의 순결을 지켰습니다. "어린 양이 어디로 인도하든지 따라가는 자"(4절)라는 표현은 순교의 자리까지도 따라갔다는 것을 의미합니다. 하지만 그것을 꼭 장소적 의미로만 해석할 필요는 없습니다. 주님이신 어린 양께서 그들의 삶을 어떻게 인도하시든지 그것을 따랐다는 말이기도 합니다. 그들은 주님이 그들을 낮추시면 낮아진 곳에서 충성하고 높이시면 높이신 곳에서 충성했습니다.

그들은 또한 "처음 익은 열매로 하나님과 어린 양에게 속한 자들"(4절)입니다. 처음 익은 열매에 해당하는 헬라어 '아파라캐'는 어떤 것을 사용하기 전에 하나님의 것으로 따로 떼어 놓은 것을 말합니다. 여기서는 특별히 구별된 자들을 뜻합니다.

하나님께서는 택한 자들을 제일 처음에 특별히 구별해 놓으십니다. 그들은 “그 입에 거짓말이 없고 흠이 없는 자들”(5절)입니다. 사람이 왜 거짓말을 합니까? 자신의 지혜로 일을 처리하려 하기 때문입니다. 거짓말이 없다는 것은 하나님께 자신의 모든 삶을 맡겼다는 뜻입니다. 그런 삶을 사는 자에게는 흠이 없습니다.

본문에서 말씀하는 하나님의 신실한 자들의 특징을 정리하면 다음과 같습니다. 첫째, 신앙의 정절이 있는 자들. 둘째, 인생 전체를 주님께 맡기고 그 분의 인도하심에 순종하는 자들. 셋째, 하나님이 미리 따로 떼어놓으신 자들. 넷째, 거짓말이 없고 흠이 없는 자들. 우리 모두 이런 자들이 되기를 사모합시다.

27

요한계시록 14:6-12

세 천사들의 메시지

"그가 큰 음성으로 이르되 하나님을 두려워하며 그에게 영광을 돌리라 이는 그의 심판의 시간이 이르렀음이니 하늘과 땅과 바다와 물들의 근원을 만드신 이를 경배하라 하더라"(계 14:7)

일곱 천사들이 대접을 쏟아 붓기 전에 하나님께서 요한에게 보여주시는 광경들이 이어지고 있습니다. 이번에는 세 천사들의 메시지가 들려옵니다. 첫째 천사가 날아가는데 그는 "땅에 거주하는 자들 곧 모든 민족과 종족과 방언과 백성에게 전할 영원한 복음"(6절)을 가졌습니다. 그가 공중을 날면서 외치고 있다는 사실은(6절) 가장 빠르고 효과적인 방법으로 복음을 전하고 있음을 말합니다. 아마도 방송을 통한 선교일 것입니다. 하나님께서는 최후의 무서운 재앙들을 내리시기 전에 자비롭게도 다시 한 번 세상 만민들이 복음을 듣고 회개할 기회를 주십니다.

그런데 그 복음의 내용이 좀 이상합니다. 예수님과 십자가는 없고 "하나님을 두려워하며 그에게 영광을 돌리라"(7절)라고 외칩니다. 그런데 이상할 것은 전혀 없습니다. 그 때가 되면 복음의 이론적 내용 자체는 이미 모든 자들이 알고 있을 것이기 때문입니다. 문제는 하나님을 두려워하는 자세입니다. 이론적 지식에 하나님을 두려워하는 자세가 결합되지 않으면 그것은 구원의 복음이 될 수 없습니다.

둘째 천사는 큰 성 바벨론의 무너짐을 예언합니다(8절). 8절부터 오늘 본문 끝절까지의 내용은 16-19장에서 이루어질 세상 심판을 미리 앞당겨서 보여주는 것입니다. 그것은 하나님의 자비하심의 결과입니다. 하나님이 원하시는 것은 그들의 회개이지 멸망이 아닙니다. 그렇기 때문에 그 재앙들 전에 이렇게 세 천사의 메시지를 주시는 것입니다.

셋째 천사는 짐승의 표를 이마에나 손에 받을 자들이 겪게 될 재앙에 대해 경고합니다. 그들은 불과 유황으로 고난을 받을 것이고(10절) 밤낮 쉼을 얻지 못하게 될 것입니다(11절). 첫째 천사는 인간들이 하나님께 대해 가져야 할 바른 자세를 가르쳤습니다. 둘째 천사는 하나님의 대적이 패배할 것임을 분명하게 예언했습니다. 셋째 천사는 사람들이 취해야 할 구체적 결단에 대해 경고를 해줍니다. 이들 세 천사들의 메시지는 대단히 체계적이고 논리적이며 친절합니다. 자비하신 하나님께서는 하셔야 할 바를 다 하셨습니다. 이제는 인간들 책임입니다.

마지막 12절은 순종하는 성도들에 대한 보답이 반드시 있을 것임을 선언합니다. 그들이 끝까지 지켜야 할 것은 하나님의 계명과 예수님에 대한 믿음입니다. 믿음을 가졌다고 하는 자들은 반드시 계명을 지킴으로써 그 믿음을 드러내야 합니다(약 2:18).

28

요한계시록 14:13-20

영광스러운 죽음과 패망의 죽음

"또 내가 들으니 하늘에서 음성이 나서 이르되 기록하라 지금 이후로 주 안에서 죽는 자들은 복이 있도다 하시매 성령이 이르시되 그러하다 그들이 수고를 그치고 쉬리니 이는 그들의 행한 일이 따름이라 하시더라"(계 14:13)

본문은 두 종류의 대규모 죽음에 대해 말하고 있습니다. 하나는 예수님에 의한 영광스러운 죽음이고 다른 하나는 악인들의 패망의 죽음입니다. 13절은 "지금 이후로 주 안에서 죽는 자들은 복이 있도다"라고 말씀합니다. 더 끔찍한 일을 겪기 전에 미리 죽는 것은 복된 일이라는 뜻입니다. 이런 생각은 이사야 57:1, 2에서도 찾을 수 있습니다. "의인이 죽을지라도 마음에 두는 자가 없고 진실한 이들이 거두어 감을 당할지라도 깨닫는 자가 없도다 의인들은 악한 자들 앞에서 불리어가도다 그들은 평안에 들어갔나니 바른 길로 가는 자들은 그들의 침상에서 편히 쉬리라"

14절에서는 구름 위에 앉으신 인자와 같은 이가 등장하는데(14절) 그분은 예수님이십니다. 인자(人子)는 복음서에서 예수님이 자신에 대해 계속해서 사용하셨던 호칭입니다. 예수님은 손에 예리한 낫을 가지셨는데 그것은 땅에 있는 곡식을 거두시기 위함입니다(15절). 땅에 있는 곡식이란 하나님의 백성들을 말합니다. 그런데 본문은 그 도구를 '예리한 낫'(14절)이라고 부릅니다. 이것은 예수님의 추수행위의 정밀성을 말해 주고 있습니다. 하나님께서는 하나님께 속한 자들과 그렇지 않은 자들을 정밀하게 구분하실 것입니다.

이어서 악인들에 대한 추수가 이루어집니다. 그 일을 행할 천사가 하늘의 성전에서 나옵니다. 이것은 그 일이 하나님의 뜻에 의한 것임을 나타냅니다. 그 천사도 역시 예리한 낫을 가졌는데(17절) 이것은 악인들에 대한 심판이 공의롭고 정확하게 이루어질 것임을 나타냅니다. 다른 천사는 낫을 가진 천사에게 "그 포도가 익었"으니(18절) 낫을 휘둘러 거두라고 외칩니다. 하나님께서는 그들이 회개하기를 기대하시며 악의 열매가 충분히 익을 때까지 기다려 주셨습니다. 하지만 이제는 하나님의 인내가 한계에 다달았습니다. 천사는 낫을 휘둘러 악인들을 거두고 그들을 하나님의 진노의 큰 포도주 틀에 던집니다(19절). 그들은 성 밖 즉 구원받은 백성들이 머무는 하나님의 성 밖에서 짓밟힘을 당합니다(20절). 피가 말 굴레 즉 고삐 높이까지 올라오고 천육백 스다디온에 걸쳐 퍼집니다. 천육백이란 동서남북을 뜻하는 세상의 수 4의 제곱과 완전수 10의 제곱이 곱해진 것입니다. 하나님의 심판이 '성밖에 있는' 전세계의 모든 이들에게 하나도 예외없이 미치게 됨을 시사합니다. 하나님은 오래 참으시지만 끝까지 참기만 하는 분은 아니십니다.

29

요한계시록 15:1-8

유리 바닷가에 서서 부르는 찬송

"주여 누가 주의 이름을 두려워하지 아니하며 영화롭게 하지 아니하오리까 오직 주만 거룩하시니이다 주의 의로우신 일이 나타났으매 만국이 와서 주께 경배하리이다 하더라"(계 15:4)

일곱 대접의 재앙이 시작되기 직전입니다. 그것은 마지막 재앙이 될 것이고 하나님의 진노가 이것으로 마치게 될 것입니다(1절). 하늘에는 불이 섞인 유리 바다 같은 것이 있습니다(2절). 유리 바다는 투명한 것으로서 하나님의 심판의 공의로움을 뜻하고, 거기 불이 섞여 있다는 것은 악인들에 대한 하나님의 진노를 뜻합니다. 이 재앙의 성격은 하나님의 진노입니다. 그러므로 성도는 이런 종류의 재앙을 받지 않을 것입니다.

그런데 이런 재앙을 피하는 방법이 바로 예수님의 추수행위였고(계 14:16), 그것은 세상에서는 죽음으로 나타났습니다. 그러므로 하나님의 뜻에 따른 죽음은 축복입니다.

그들이 유리 바닷가에 서서 찬송을 부르는 것은 출애굽 당시 홍해를 건넌 백성들이 바닷가에서 하나님을 찬송하는 장면을 연상시킵니다. 홍해를 건넌 후에 그들이 부른 노래에서는 하나님의 능력(출 15:2, 3, 6), 하나님의 왕권(출 15:18), 그리고 그분의 거룩하심(출 15:11)을 찬송했습니다. 그런데 본문에 등장하는 어린양의 노래 역시 하나님의 능력과 왕권(3절) 그리고 거룩하심을(4절) 찬송합니다. 하나님은 만국 백성들의 경배를 받아 마땅하신 분이십니다(4절).

하늘에 있는 증거 장막의 성전이 열리며 일곱 천사들이 그곳에서 나옵니다. 그들은 "맑고 빛난 세마포 옷을 입고 가슴에 금띠를 띠고"(6절) 있습니다. 이것은 구약 시대 왕의 직분과 제사장 직분을 연상시킵니다(출 28:4 이하). 그들이 마지막 재앙을 내리기에 앞서 이렇게 엄숙한 복장을 했다는 것은 하나님의 재앙이 즉흥적이고 편파적인 분노에서 나온 것이 아님을 나타냅니다. 하나님께서는 경고와 교훈을 아끼지 않으셨고 충분히 참으셨습니다. 그러나 이제는 진노하실 때가 되었습니다.

더 이상 참으시는 것은 악인들로 하여금 하나님의 이름을 만홀히 여기게 만들 위험이 있습니다.

네 생물 중 하나가 일곱 천사들에게 영원토록 살아계신 하나님의 진노를 가득히 담은 금 대접들을 줍니다(7절). 그러자 "하나님의 영광과 능력으로 말미암아 성전에 연기가"(8절) 가득 차서 아무도 성전에 들어갈 수 없게 됩니다. 이것은 이어서 진행되는 하나님의 분노를 멈출 자가 아무도 없다는 뜻입니다. 성전과 제단은 속죄제사와 죄 용서를 위해 존재하는 곳인데 그곳으로의 접근이 불가능해졌습니다. 지금은 하나님의 거룩한 진노의 때입니다.

30

요한계시록 16:1-21

일곱 대접의 심판

"내가 들으니 물을 차지한 천사가 이르되 전에도 계셨고 지금도 계신 거룩하신 이여 이렇게 심판하시니 의로우시도다"(계 16:5)

드디어 일곱 대접의 심판이 세상에 임합니다. 이 재앙들에는 공통적으로 두 가지 특징이 있습니다. 첫째, 일곱 인 재앙에서 나타났던 '사분의 일'(계 6:8) 혹은 일곱 나팔 재앙에서 나타났던 '삼분의 일'(계 8:7, 8, 9, 10, 11, 12)이라는 재앙의 한계가 나타나지 않습니다. 즉 재앙의 결과가 땅의 모든 곳에 미친다는 뜻입니다. 둘째, 믿는 자들은 재앙의 대상에서 제외됩니다. 이것은 2절이 말하는 "짐승의 표를 받은 사람들과 그 우상에게 경배하는 자들에게 악하고 독한 종기가 나더라"라는 표현이나 9절, 11절, 21절에 나타나는 '사람들이 회개하지 아니하고 하나님을 원망했다'는 표현들을 통해 유추해 볼 수 있습니다.

첫째 천사는 그 대접을 땅에 쏟습니다. 그러자 짐승의 표를 받은 자들과 우상에게 경배하는 자들에게 악하고 독한 종기가 납니다. 이것은 출애굽기 9:9에 등장하는 종기로 볼 수 있습니다. 둘째 천사가 그 대접을 바다에 쏟자 바다가 죽은 자의 피 같이 됩니다(3절). 바다는 상징적으로 세상 열국을 뜻하므로 세상이 시신들로 가득하게 된다는 뜻입니다. 아니면 후쿠시마 원전 사고에서 볼 수 있듯이 문사적으로 바다가 심하게 오염되는 것으로 해석할 수도 있습니다. 셋째 천사가 그 대접을 강과 물 근원에 쏟자 그것들이 피가 됩니다(4절). 그런데 그런 재앙을 내리신 이유에 대해 물을 차지한 천사는(5절) 이렇게 말합니다. "그들이 성도들과 선지자들의 피를 흘렸으므로 그들에게 피를 마시게 하신 것이 합당하니이다"(6절). 즉 그들의 악한 행위와 그들이 받는 징벌은 정확한 관계가 있다는 것입니다. 하나님은 정확한 복수의 하나님이십니다. 7절은 "제단이 말하기를"이라고 하고 있는데 제단은 요한계시록 6:9, 10에서 성도들이 복수를 구하던 곳입니다. 하나님께서 그들의 기도에 응답해 주신 것입니다.

넷째 천사가 대접을 해에 쏟자 사람들이 불로 태워집니다(8절). 그러나 그들은 회개하는 대신 하나님을 원망합니다(9절). 다섯째 천사가 대접을 짐승의 왕좌에 쏟자 사람들은 심한 고통을 당합니다(10절). 그들 역시 회개하지 않습니다. 여섯째 천사가 대접을 유브라데 강에 쏟자 강물이 말라서 동방에서 오는 왕들의 길이 예비됩니다. 일곱째 천사가 대접을 공중에 쏟자 우박과 큰 지진이 발생합니다. 하나님께서는 악인들에게 그들이 행한 대로 갚아주십니다. 죄인들은 기회가 있을 때 회개해야 합니다.

31

요한계시록 17:1-18

많은 물 위에 앉은 큰 음녀

"그들이 어린 양과 더불어 싸우려니와 어린 양은 만주의 주시오 만왕의 왕이시므로 그들을 이기실 터이요 또 그와 함께 있는 자들 곧 부르심을 받고 택하심을 받은 진실한 자들도 이기리로다"(계 17:14)

요한은 많은 물 위에 앉은 큰 음녀를 봅니다(1절). 많은 물이란 많은 사람들을 비유적으로 말한 것입니다. 많은 사람들이 그녀의 음행의 포도주에 취하였습니다(2절). 즉 하나님을 찾으려는 판단력과 의지를 상실했다는 것입니다. 그녀는 붉은 빛 짐승을 탔습니다(3절). 여기서 사용된 붉은 빛이라는 표현은 아주 사치스럽고 호화로운 색을 말합니다. 반면 12장 3절에서 '붉은 용'에 사용된 단어는 무서운 살기를 뜻합니다. 즉 이 여인은 직접적인 무력이 아니라 사치와 환락으로 사람들을 유혹하고 있는 것입니다. 그 여인은 성도들의 피와 예수의 증인들의 피에 취해 있습니다(6절).

요한은 이 모습을 보고 크게 놀랍니다(6절). 왜냐하면 1절에서 천사는 분명히 "많은 물 위에 앉은 큰 음녀가 받을 심판을 네게 보이리라"고 했는데 지금 눈앞에 펼쳐지는 상황은 여인이 계속 성공적으로 사람들을 홀리는 모습이기 때문입니다. 요한이 놀라는 모습을 본 천사는 자신이 그 "여자와 그가 탄 일곱 머리와 열 뿔 가진 짐승의 비밀"(7절)을 알려주겠다고 합니다. 그 다음에 일곱 머리, 열 뿔에 대한 설명이 나옵니다(9-11절). 그런데 그 설명 자체도 또 설명을 필요로 합니다. 이를테면 "일곱 머리는 여자가 앉은 일곱 산이요"(9절) 이런 식이기 때문입니다. 해석자들은 9-11절의 구체적 내용을 로마의 어떤 왕들이나 인류 역사상 어떤 왕조들로 해석을 하는데 아직 모든 이들이 동의하는 해석은 없는 상태입니다. 하여튼 그들은 하나님을 대적하고 성도들을 핍박하는 원수들입니다.

드디어 1절에서 약속했던 대로 음녀는 멸망을 당합니다. 그런데 그 방법이 참으로 희한합니다. 16절은 "네가 본 바 이 열 뿔과 짐승은 음녀를 미워하여 망하게 하고 벌거벗게 하고 그의 살을 먹고 불로 아주 사르리라"고 말씀합니다. 즉 그들끼리 자중지란에 빠져 음녀를 멸망시킬 것이라는 말씀입니다. 그런데 그 배경이 무엇입니까? 하나님의 뜻입니다. "이는 하나님이 자기 뜻대로 할 마음을 그들에게 주사"(17절). 결국 하나님의 뜻이 이루어졌다는 것입니다. 음녀의 이마에 적힌 이름은 '비밀'이었습니다(5절). 매우 교묘하게 일을 처리한다는 것입니다. 그런데 하나님은 더 교묘하게 일을 처리하셔서 그들끼리 같은 편을 멸하게 하십니다. "지혜로도 못하고, 명철로도 못하고 모략으로도 여호와를 당하지"(잠 21:30) 못합니다.

32

요한계시록 18:1-8

바벨론의 완전한 멸망

"그러므로 하루 동안에 그 재앙들이 이르리니 곧 사망과 애통함과 흉년이라 그가 또한 불에 살라지리니 그를 심판하시는 주 하나님은 강하신 자이심이라"(계 18:8)

하늘에서 큰 권세를 가진 천사가 내려옵니다(1절). 그는 큰 성 바벨론이 완전히 멸망할 것이라고 외칩니다. "무너졌도다 무너졌도다 큰 성 바벨론이여 귀신의 처소와 각종 더러운 영이 모이는 곳과 각종 더럽고 가증한 새들이 모이는 곳이 되었도다"(2절). 그런데 3절 말씀은 하나님을 대적하던 세력의 대표로 왕들과 상인들을 지칭합니다(3절). 이것은 말세에 정치, 경제, 종교가 밀접히 관련될 것임을 보여줍니다. 요한계시록

17:12-14에서 권력자들이 기꺼이 어린양과의 전쟁에 협조하는 것도 이 때문입니다. "네가 보던 열 뿔은 열 왕이니 … 그들이 한 뜻을 가지고 자기의 능력과 권세를 짐승에게 주더라 그들이 어린 양과 더불어 싸우려니와"

이것은 무엇을 뜻합니까? 기독교인이라면 반드시 따라야 할 정치적, 경제적 원리들이 있다는 뜻입니다. 세상의 권력자들과 경제 지도자들은 그들의 이익과 기독교가 상충하기 때문에 기독교를 박해합니다. 참된 기독교는 성경적인 기준을 끝까지 붙들어야 합니다. 그 기준에 따라 살 때 흥할 수 있는 시대에 기독교인이 잘 사는 것은 좋은 일입니다. 그러나 그 기준을 가지고 살면 고난을 당해야 하는 사회라면 기독교인은 고난을 택해야 합니다. 어느 시대이건 교회는 기독교적 정치, 경제 원리를 성도들에게 가르쳐야 합니다. 성경적 기준을 제대로 가르치지 않으면서 그들에게 그저 승리하고 성공하는 것이 하나님의 뜻이라고 말하는 것은 그들을 마귀의 밥으로 만드는 일입니다. 본문은 분명히 말세에 정치, 경제 지도자들의 이익과 기독교 신앙의 공존이 불가능하게 될 것이라고 말합니다.

하나님을 대적하는 세력은 멸망을 당하게 됩니다. 하나님께서는 그 중에서 살고 있는 성도들에게 "내 백성아, 거기서 나와 그의 죄에 참여하지 말고 그가 받을 재앙들을 받지 말라"(4절)라고 말씀하십니다. 이것은 마치 하나님께서 소돔과 고모라를 멸하시기 전에 천사들을 보내셔서 롯의 식구들을 끌어내시는 것과 같습니다(창 19장).

하나님께서는 바벨론을 멸하시는 것이 분명 그들의 죄악 때문임을 강조하십니다(5-7절). 더구나 그들은 교만했습니다. 자신들은 "결단코 애통함을 당하지 아니하리라"(7절)라고 말했습니다. 하지만 하나님께서는 그들을 단 "하루 동안에"(8절) 멸망시키십니다. 바벨론은 하나님이 보시기에는 정말로 하찮은 존재였습니다.

33

요한계시록 18:9-24

바벨론의 멸망을 슬퍼하는 사람들

"이에 한 힘 센 천사가 큰 맷돌 같은 돌을 들어 바다에 던져 이르되 큰 성 바벨론이 이같이 비참하게 던져져 결코 다시 보이지 아니하리로다"(계 18:21)

바벨론의 무너짐을 보고 슬퍼하는 사람들이 많이 있습니다. 우선 땅의 왕들이 바벨론이 불타는 연기를 보고 울며 가슴을 칩니다(9절). 그들은 바벨론이 겪은 고통을 무서워하여 멀리 서서 "화 있도다 화 있도다 큰 성, 견고한 성 바벨론이여 한 시간에 네 심판이 이르렀다"(10절)라고 말합니다. 땅의 왕들은 바벨론이 겪은 파멸을 "네 심판"이라고 부릅니다. 이것은 그들도 바벨론이 평소에 죄악이 넘치는 곳이었음을 알았다는 뜻입니다. 그들은 바벨론과 더불어 같은 죄를 범했던 자신들도 그런 고통을 겪게 될 것을 예감하고 가슴을 치고 있는 것입니다.

그리고 땅의 상인들이 울고 애통합니다. 그들이 그렇게 하는 이유는 자신들의 상품을 팔아줄 큰 구매자가 사라졌기 때문입니다. "다시 그들의 상품을 사는 자가 없음이라"(11절). 12절부터 14절까지 무척 길고 자세하게 그들이 거래했던 상품의 목록이 나열되고 있습니다. 대부분이 고위층들이나 누렸던 사치품들인데 거기 "종들과 사람의 영혼들"(13절)이라는 부분이 우리의 관심을 끕니다. '종들'이라는 것은 고대 시대에 흔히 볼 수 있었던 노예들을 뜻하는 것인데 '사람의 영혼들'은 무슨 뜻일까요? 영혼은 매매의 대상이 될 수 없습니다. 아마도 인간의 영적인 상태에 영향을 끼칠 수 있는 어떤 물품들을 뜻할 것입니다. 상인들의 애통에 이어서 선장과 선원들 즉 운송업자들의 애통이 이어집니다. 그들은 "바다에서 배 부리는 모든 자들이 너의 보배로운 상품으로 치부하였더니 한 시간에 망하였도다"(19절)라고 울부짖습니다.

그러나 이 일은 하늘과 성도들과 사도들과 선지자들에게는 즐거운 일입니다. 왜냐하면 하나님이 그들을 위해 바벨론에게 심판을 행하셨기 때문입니다(20절). "너희를 위하여 그에게 심판을"을 우리말로 직역하면 '그녀에 대한 너희의 심판'입니다. 우리가 하고 싶은 심판을 하나님이 대신 해 주셨다는 것입니다. 이것은 복수를 구하는 인간의 심정을 하나님께서 얼마나 깊이 이해해 주시는가 하는 것을 보여줍니다. 하나님께서 우리에게 복수를 금하시는 것은 복수 자체를 인정치 않으시기 때문이 아닙니다. 그것은 다만 우리가 그 일을 행하는 것을 원하시지 않기 때문이다. 로마서 12:19은 이렇게 말씀합니다. "내 사랑하는 자들아 너희가 친히 원수를 갚지 말고 하나님의 진노하심에 맡기라 기록되었으되 원수 갚는 것이 내게 있으니 내가 갚으리라고 주께서 말씀하시니라"

34

요한계시록 19:1-10

하늘에 있는 성도들의 찬양

"또 내가 들으니 허다한 무리의 음성과도 같고 많은 물소리와도 같고 큰 우렛소리와도 같은 소리로 이르되 할렐루야 주 우리 하나님 곧 전능하신 이가 통치하시도다"(계 19:6)

바벨론의 멸망으로 인해 지상의 통치자들과 상인들은 울부짖고 있는 것에 반해 하늘에 있는 허다한 무리들은 큰 음성으로 찬양을 합니다(1-3절). 그들의 찬양은 할렐루야로 시작해서 할렐루야로 끝나는데 이것은 하나님께서 그들을 위해 지금 행하신 일이 완전히 공의롭고 선하심을 강조하는 것입니다. 하나님이 하신 일은 "자기 종들의 피를 그 음녀의 손에" 갚으신 일입니다(2절). 하나님께서는 성도들의 아픔과 한을 이해하십니다.

이십사 장로와 네 생물도 엎드려 보좌에 앉으신 하나님을 찬양합니다. 그들의 찬양은 매우 간결하여 "아멘 할렐루야"입니다(4절). 이것은 앞에 나온 무리들의 찬양에 전적으로 동의한다는 뜻입니다. 그 다음에 보좌에서 음성이 나오는데 그 내용은 "하나님의 종들 곧 그를 경외하는 너희들아 작은 자나 큰 자나 다 우리 하나님께 찬송하라"(5절)입니다. 그러자 허다한 무리의 음성과도 같고 많은 물소리와도 같고 큰 우렛소리와도 같은 소리가 나서 "할렐루야 주 우리 하나님 곧 전능하신 이가 통치하시도다"(6절)라고 외칩니다.

그런데 이 구절에서 한글 번역이 원문과는 다르게 의역을 한 것이 있습니다. '통치하시도다'라고 번역한 부분의 원문은 '통치하셨다'입니다. 과거형입니다. 어차피 하나님은 영원한 통치자이시기 때문에 현재로 번역하건 과거로 번역하건 상관이 없다고 할 수도 있지만, 원문 그대로 과거로 번역할 경우 천지만물들의 찬양의 원인이 더 뚜렷하게 드러나게 됩니다. '통치하셨다'라고 하면 과거에는 하나님의 통치에 대해 의문을 가졌었다는 의미입니다. 바벨론과 음녀의 세력이 워낙 컸고, 그들로 인한 성도들의 피해가 워낙 심했기 때문에, 과

연 하나님이 지금도 통치하고 계시는지 마음에 회의가 있었다는 것입니다. 그러나 그들이 행했던 죄악의 갑절로 그들에게 갚아주신 것을(계 18:6) 직접 눈으로 확인하고 나자 '우리가 하나님의 통치를 의심했던 그 때에도 역시 하나님은 통치하고 계셨다'라고 감격하며 외치게 되었다는 것입니다. 그 다음에 성도들에게 "깨끗한 옷을 입도록 허락하셨"다는 말씀이 있고 그 "세마포 옷은 성도들의 옳은 행실"이라는 설명이 나옵니다(8절). 얼핏 보면 행실 때문에 영광을 얻는다는 뜻 같지만 '허락하셨으니'라는 단어의 직역은 '주어졌다'입니다. 우리의 선행까지도 하나님의 은혜가 있기 때문에 가능한 것입니다. 하나님 앞에서 우리가 자랑할 수 있는 것은 아무 것도 없습니다.

35

요한계시록 19:11-21

백마와 그것을 탄 자

"또 내가 하늘이 열린 것을 보니 보라 백마와 그것을 탄 자가 있으니 그 이름은 충신과 진실이라 그가 공의로 심판하며 싸우더라"(계 19:11)

요한은 하늘이 열린 것을 봅니다. 그것은 하나님의 보다 깊은 비밀을 보게 되었다는 뜻입니다. 그가 본 것은 백마와 그것을 탄 자입니다. 그의 이름이 충신과 진실이라고 되어 있는데 헬라어 원어로는 형용사로 표현되어 있습니다(11장). 즉 '신실한 자 그리고 진실된 자'라는 뜻입니다. 두 단어 모두 그 주인공이 예수님임을 보여줍니다. 그분이 하시는 일은 공의로 심판하며 싸우는 일입니다. 예수님의 눈은 불꽃같고 그 머리에는 많은 관들이 있고 또 이름 쓴 것 하나가 있는데 예수님 자기밖에는 아는 자가 없습니다(12절). 이름은 어떤 이의 인격 혹은 본질을 뜻하는데 예수님 자신밖에는 그 이름을 알 자가 없다는 것은 예수님의 본질에 대해 우리는 주님이 알려주시는 한도 내에서만 알 수 있다는 뜻입니다.

그는 피 뿌린 옷을 입었고 그분의 이름은 하나님의 말씀이십니다(13절). 우리는 이 이름이 하나님의 아들을 뜻한다는 것을 요한복음 1:1을 통해 쉽게 알 수 있습니다. 그 피는 어린 양으로서 십자가에서 흘리신 피와 그가 멸하신 원수들의 피 모두를 뜻할 수 있지만, 아무래도 이 장면에서는 십자가의 피를 뜻하는 듯합니다. 왜냐하면 14절을 보면 "하늘에 있는 군대들이 희고 깨끗한 세마포 옷을 입고 백마를 타고 그를 따르더라"라고 되어 있는데 만약 예수님의 옷에 뿌려진 피가 원수들의 피라면 천사들의 옷에도 피가 있어야 하기 때문입니다. 그러나 그들은 '깨끗한 세마포 옷'을 입고 있습니다.

예수님께서는 입에서 나오는 예리한 검으로 만국을 치십니다(15절). 입에서 나오는 검이란 예수님의 말씀을 뜻합니다. 말씀에는 권능이 있습니다. 지상에 계실 때는 연약한 어린 양의 모습으로 온갖 수모를 당하셨지만 이제는 원수들을 철장 즉 쇠몽둥이로 다스리시며 그들을 하나님의 맹렬한 진노의 포도주 틀에 넣고 짓밟으십니다(15절).

예수님의 승리로 싸움이 끝난 후 천사는 공중의 모든 새를 초청하여 원수들의 고기를 먹게 합니다(17, 18절). 그런데 적들은 마지막 발악을 합니다. 적그리스도를 뜻하는 짐승과 표적을 행하던 선지자와 땅의 임금들과 그들의 군대들이 모여 예수님과 싸움을 벌입니다. 그러나 짐승과 거짓 선지자는 유황불 못 즉 지옥에 던지웁니다(20절). 그리고 나머지 사람들은 예수님의 입에서 나오는 검에 죽음을 당하여 공중의 새들의 먹이가 되고 맙니다. 하나님은 공의롭고 신실하시고 전능하신 분이십니다. 그분이 이기십니다.

36

요한계시록 20:1-10

천년왕국과 마지막 전쟁

"이 첫째 부활에 참여하는 자들은 복이 있고 거룩하도다 둘째 사망이 그들을 다스리는 권세가 없고 도리어 그들이 하나님과 그리스도의 제사장이 되어 천 년 동안 그리스도와 더불어 왕 노릇 하리라"(계 20:6)

요한은 무저갱의 열쇠와 큰 쇠사슬을 손에 가지고 하늘로부터 내려오는 한 천사를 봅니다(1절). 그 천사는 사탄을 잡아서 결박한 후(2절) 그를 무저갱 즉 바닥이 없는 깊은 굴에 던져 넣고 그 입구의 문을 잠그고 그 위에 인봉을 합니다(3절). 문을 잠그고 그 위에 인봉까지 했다는 것은 그 누구도 사탄을 거기서 놓아줄 수 없다는 것을 뜻합니다. 다만 나중에 하나님의 허락이 있을 때 반드시 잠깐 동안 놓이게 될 것입니다(3절). 사탄이 무저갱에 갇혀 있게 될 기간은 천 년입니다(3절). 대단히 보수적인 신앙을 가진 해석자들 사이에서도 여기 나오는 천 년의 의미에 대해 해석이 다릅니다. 어떤 이들은 그것을 실제적인 천 년이라고 하고 다른 이들은 그것을 어떤 긴 기간에 대한 상징으로 해석합니다.

어떤 해석자들은 사탄이 무저갱에 잡히는 것을 예수님의 십자가 사역으로 인한 사탄의 권세의 폐지로 해석하는데 그것은 곤란한 해석입니다. 왜냐하면 사탄은 나중에 잠깐이나마 놓임을 받기 때문입니다. "그 후에는 반드시 잠깐 놓이리라"(3절). 단순히 놓이는 정도가 아니라 대단히 힘차게 활동을 합니다. "천 년이 차매 사탄이 그 옥에서 놓여 나와서 땅의 사방 백성 곧 곡과 마곡을 미혹하고 모아 싸움을 붙이리니 그 수가 바다의 모래 같으리라"(7, 8절). 만약 사탄을 옥에 가두는 것을 십자가의 권능으로 인한 사탄의 권세의 폐지로 해석한다면, 사탄이 옥에서 풀리는 것은 아무리 단기간이라 해도 십자가의 권능의 정지로 해석해야 합니다. 그러나 그런 일은 있을 수 없습니다. 십자가의 권세는 영원무궁하지 그것이 중간에 힘을 잃게 되는 경우는 있을 수 없습니다. 그러므로 사탄이 무저갱에 던지우는 것을 십자가 사건과 연관시키는 것은 무리가 있습니다. 아마도 미래에 하나님이 하실 어떤 비밀스러운 일을 상징적으로 보여주고 있을 것입니다. 더구나 사탄이 무저갱에 던져지는 사건은 예수님이 아니라 천사에 의해 실행됩니다. 그 사건을 설명하는 1-3절에는 예수님의 이름이 등장하지도 않습니다. 그 천년의 기간 동안 순교자들과 우상의 표를 받지 않은 신실한 성도들은 하늘나라에서 그리스도와 더불어 왕 노릇을 합니다(6절). 하나님의 큰 상을 받아 누리는 것입니다. 천 년이 찬 후 사탄이 옥에서 놓여 큰 무리를 모아 전쟁을 벌입니다(8절). 그러나 그들은 예수님에 의해 즉시 패배를 당하고 맙니다(9절). 그것은 지옥의 형벌입니다(10절).

37

요한계시록 20:11-15

마지막 심판

"또 내가 보니 죽은 자들이 큰 자나 작은 자나 그 보좌 앞에 서 있는데 책들이 펴 있고 또 다른 책이 펴졌으니 곧 생명책이라 죽은 자들이 자기 행위를 따라 책들에 기록된 대로 심판을 받으니"(계 20:12)

요한은 예수님께서 최후의 심판을 하시는 모습을 봅니다. 예수님께서는 크고 흰 보좌에 앉으셨습니다(11절 상). 그 색이 희다는 것은 예수님의 심판이 완전하게 정의로울 것임을 상징합니다. 땅과 하늘이 그 앞에서 피하여 간 데 없다고 했는데(11절 하) 원문을 직역하면 '그들을 위한 그 어떤 장소도 발견되지 않았다'입니다. 땅과 하늘은 새 하늘과 새 땅이 임하기 전에 존재했던 세상을 말합니다. 인간들의 죄로 더럽혀졌던 세상은 예수님 앞에서 자신들이 있을 자리를 찾지 못합니다.

죽은 자들이 심판을 받기 위해 예수님의 보좌 앞에 서 있습니다(12절 상). 보좌 앞에는 책들이 펼쳐져 있는데 그 책들은 두 종류입니다. 하나는 사람들의 행위를 기록한 책입니다. 그것들은 책들이라고 표현되어 있습니다. 그리고 종류가 완전히 다른 책이 하나 있는데 그것은 생명책입니다. 죽은 자들은 자기의 행위를 따라 책들에 기록된 대로 심판을 받습니다(12절). 이 구절 자체만으로는 심판을 받는 자들이 믿지 않는 자들인지 아니면 믿는 자들도 포함된 것인지 알 수 없지만 13절과 14절을 보면 그들 즉 자기 행위에 따라 심판을 받는 자들은 예수님을 믿지 않는 자들임이 분명합니다. 왜냐하면 그들은 자기의 행위대로 심판을 받은 후 곧장 불못 즉 지옥으로 던져지기 때문입니다(14절).

모든 사람들이 예수님 앞에서 심판을 받게 하기 위하여 바다가 죽은 자들을 내어주고 사망과 음부도 죽은 자들을 내어줍니다(13절). 여기서 음부로 번역된 헬라어 단어 '하데스'는 죽은 영혼들이 임시로 머무는 곳으로 나타나기도 하며(행 2:27, 31), 의롭지 못한 자들이 죽은 후에 가는 곳으로 나타나기도 합니다(눅 16:23).

그 모든 자들의 운명은 둘 중 하나입니다. 생명책에 그 이름이 기록되어 있는 이들은 불못에 던져지지 않습니다(15절). 그러나 생명책에 그 이름이 기록되지 않은 자들은 자기의 행위대로 심판을 받고(13절) 불못에 던져집니다(14절). 특이한 것은 사망과 음부도 불못에 던져진다는 것입니다(14절). 여기서 사망과 음부는 죽은 이들의 영혼을 받아 두었던 임시 상태의 처소를 말합니다. 마지막 심판이 있기 전까지는 그것들이 필요했습니다. 그러나 생명책에 적힌 자들이 모두 구원을 받은 지금, 사망과 음부는 더 이상 그 필요성을 상실했습니다. "맨 나중에 멸망 받을 원수는 사망이니라"(고전 15:26). 사망이 없어졌으니 음부도 필요 없게 된 것입니다.

38

요한계시록 21:1–9

새 하늘과 새 땅

"모든 눈물을 그 눈에서 닦아 주시니 다시는 사망이 없고 애통하는 것이나 곡하는 것이나 아픈 것이 다시 있지 아니하리니 처음 것들이 다 지나갔음이러라"(계 21:4)

요한은 하나님이 창조하신 새 하늘과 새 땅을 봅니다. 여기서 사용된 헬라어 단어 '새롭다'의 의미는 단지 시간적으로 새롭다는 것이 아니라 질적으로 완전히 새로운 것을 가리킵니다. 바다는 요한계시록에서 악의 무리들이 출몰하는 곳으로 사용되었습니다(계 12:12, 17; 13:1 등). 그 바다가 "다시 있지 않더라"(1절)라고 해서 이중부정을 사용한 것은 악의 무리에 대한 성도들의 혐오가 얼마나 큰 것인지를 보여줍니다.

요한은 이번에는 하늘로부터 내려오는 거룩한 성 새 예루살렘을 봅니다(2절). 새 예루살렘은 새 하늘과 새 땅과 전혀 다른 어떤 것이 아니라 그곳의 중심부라고 이해하면 좋을 것입니다. 2절은 새 예루살렘에 대해 말하기를 "그 준비한 것이 신부가 남편을 위하여 단장한 것 같더라"(2절)라고 하고 있습니다. 그런데 신부라는 표현은 신약성경에서 흔히 성도들을 위해 사용되는 것입니다. 그러므로 새 예루살렘은 모든 핍박과 유혹을 이겨내고 믿음을 지킨 순결한 신부들을 위한 장소라고 할 수 있습니다.

하나님께서는 이제부터 그 백성들과 함께 거주하십니다(3절). 3절에서 볼 수 있는 '하나님의 장막', 그리고 '함께 계시리니'에 사용된 헬라어 단어는 구약에서 40년 광야시절에 하나님이 그의 백성들과 함께 하셨던 장막과 그분의 함께 하심을 가리키는 단어들입니다. 하지만 지금부터의 함께하심은 그 때보다 더 완전한 함께하심이 될 것입니다. 눈물과 사망과 애통과 곡하는 것이나 아픈 것이 다시는 있지 않을 것입니다. 왜냐하면 인간의 죄로 인해 망가졌던 처음 것들이 다 지나갔기 때문입니다(4절)

보좌에 앉으신 이가 이르시되 "이 말은 신실하고 참되니 기록하라"(5절)라고 말씀하십니다. 하나님의 말씀은 다 참되지만 특별히 이 말씀을 하신 것은 그 이후에 하실 말씀이 대단히 중요한 것이기 때문입니다. 그 이후에 하시는 말씀은 천국과(6, 7절) 지옥에(8절) 대한 말씀입니다. 이기는 자는 생명수 샘물을 마시며 영생할 것이고 8절에 예시된 일을 하는 자들은 둘째 사망 곧 지옥으로 던져질 것입니다. 그런데 우리의 주의를 끄는 것이 있습니다. 지옥에 던져질 자들의 명단 중에 "믿지 아니하는 자들"(8절)이 있다는 것입니다. 구원은 오직 믿음으로 얻습니다. 그런데 지옥에 갈 여러 죄악 중에 '믿지 않는 것'이 따로 언급된 것은 겉으로는 신앙을 고백하지만 8절에 나열되는 죄악을 행하는 자들은 실제로는 믿는 자가 아니며 따라서 지옥에 가게 될 것이라는 뜻입니다.

39

요한계시록 21:10-14

하늘에서 내려오는 새 예루살렘

"크고 높은 성곽이 있고 열두 문이 있는데 문에 열두 천사가 있고 그 문들 위에 이름을 썼으니 이스라엘 자손 열두 지파의 이름들이라"(계 21:12)

성령께서는 요한을 데리고 크고 높은 산으로 올라가 "하나님께로부터 하늘에서 내려오는 거룩한 성 예루살렘"(10절)을 보여 주십니다. 그것이 하늘로부터 내려왔다는 것은 그 동안 지상에서는 본 적이 없는 온전히 새로운 어떤 것이라는 것을 시사합니다. 그리고 그것이 하나님께로부터 왔다는 것은 그것이 완전하며 지극한 영광과 아름다움을 지니고 있음을 나타냅니다. 예수님께서는 새 예루살렘에 대해 이렇게 예언하신

적이 있습니다. "내 아버지 집에 거할 곳이 많도다 그렇지 않으면 너희에게 일렀으리라 내가 너희를 위하여 거처를 예비하러 가노니 가서 너희를 위하여 거처를 예비하면 내가 다시 와서 너희를 내게로 영접하여 나 있는 곳에 너희도 있게 하리라"(요 14:2, 3). 예수님께서 우리를 위해 수고로이 제작하신 그 완성품이 드디어 요한의 눈앞에 펼쳐진 것입니다.

새 예루살렘의 빛은 "지극히 귀한 보석 같고 벽옥과 수정 같이 맑"은데(11절) 그 이유는 그곳에 하나님의 영광이 있기 때문입니다. 거기에는 크고 높은 성곽이 있고 열두 문이 있습니다(12절). 그리고 열두 문에는 열두 천사가 있습니다. 이들의 임무는 외부의 적들으로부터의 방어가 아닙니다. 왜냐하면 하나님을 대적하는 자들은 이미 모두 불못에 던져졌기 때문입니다(계 20:14). 이들이 그곳에 있는 이유는 하나님이 거하시는 거룩한 성의 거룩성을 지키는 것입니다.

그 문들 위에는 이스라엘 자손 열두 지파의 이름들이 적혀 있습니다. 구약의 성도들도 신약의 성도들처럼 같은 문을 통해 천국에 들어갑니다. 즉 예수님의 십자가의 보혈로 죄 씻음을 받아 천국에 가게 된다는 것입니다. 다른 문은 없습니다. 예수님의 보혈의 공로가 구약의 성도들에게도 소급되어 적용

되는 것입니다. "그는 새 언약의 중보자시니 이는 첫 언약 때에 범한 죄에서 속량하려고 죽으사"(히 9:15). 새 언약 즉 십자가 언약의 중보자이신 예수님께서는 첫 언약(히 9:18) 즉 구약 언약 시대 사람들의 죄까지도 속량하려고 죽으셨습니다.

동서남북에 문들이 각각 공평하게 세 개씩 있습니다(13절). 이것은 구원을 받는 자들에게 민족적, 언어적, 문화적 차별이 전혀 없음을 상징합니다. 그리고 그 성의 성곽에는 열두 기초석이 있는데 그 위에는 예수님의 열두 사도의 이름들이 있습니다. 이것은 그 성이 사도들이 전했던 복음, 즉 예수님의 십자가에 기초를 두고 세워졌음을 뜻합니다.

40

요한계시록 21:15-27

새 예루살렘의 모습

"성 안에서 내가 성전을 보지 못하였으니 이는 주 하나님 곧 전능하신 이와 및 어린 양이 그 성전이심이라"(계 21:22)

천사가 새 예루살렘의 크기를 금 갈대자로 측량합니다(15절). 성의 모양은 가로, 세로, 높이가 같은 형태입니다(16절). 이것은 성전 지성소의 모양입니다. 지성소 역시 가로, 세로, 높이가 같습니다. 지성소가 하나님이 임재하시는 처소이듯이 새 예루살렘도 하나님의 임재의 처소가 될 것이라는 것입니다. 그런데 새 예루살렘의 크기는 지성소와 비교가 되지 않게 큽니다. 새 예루살렘의 한 변의 길이는 이천 스다디온 즉 2,220킬로미터입니다. 이것은 크기가 딱 그 정도임을 말하는 것이 아니라 모든 믿는 자들을 수용할 정도로 그 크기가 엄청나게 크다는 뜻입니다.

그 성의 성곽의 기초석은 서로 다른 보석으로 꾸며졌습니다(19, 20절). 반면 그 성의 열두 문은 열두 진주로 되어 있는데 각 문마다 한 개의 진주입니다(21절). 요한계시록 21:12은 각 문들 위에 열두 지파의 이름이 적혀 있다고 말합니다. 그리고 21:14은 열두 기초석 위에는 열두 사도의 이름들이 있다고 말합니다. 이것은 묘한 대조를 보여줍니다. 열두 지파를 뜻하는 보석이 모두 진주이고 한 문이 하나의 진주로 되어 있다는 것은 그 통일성과 견고함을 뜻합니다. 반면 열두 기초석이 모두 다른 보석으로 되어 있다는 것은 다양성과 조화로움을 뜻합니다. 구약시대에는 유대인 중심으로 하나님을 섬겼으나 열두 사도들이 선포한 복음은 다양한 세계 만민이 그 대상이 된 것입니다.

요한은 그 성 안에서 성전을 보지 못했다고 말합니다(22절). 그 이유는 "주 하나님 곧 전능하신 이와 및 어린 양이 그 성전"(22절)이시기 때문입니다. 그 이전에는 계속 하늘에 성전이 있었다고 말합니다(계 11:19; 14:15, 17; 15:5 등). 성전의 기능은 하나님과 인간 사이의 만남의 장소입니다. 그 이전에는 성도들이 하늘나라 밖에 있었기 때문에 하나님이 인간과 만나주시는 특별한 장소가 필요했습니다. 그러나 이제는 모든 역사가 마무리 되었습니다. 악인들은 불못에 던져졌고 의인들은 하나님의 성안에 있습니다. 그러므로 이제는 성전이 만남의 장소로서의 역할을 할 필요가 없어졌습니다.

24절에 땅의 왕들이 자기 영광을 가지고 그 성으로 들어간다는 말씀이 있고, 26절에는 사람들이 만국의 영광과 존귀를 가지고 그리고 들어간다는 말씀이 있습니다. 이것은 지상에서 아무리 높고 위대한 자들이라 해도 그들 역시 자신들의 모든 것을 버리고 하나님께 영광을 돌리게 되리라는 뜻입니다.

41

요한계시록 22:1-7

생명수의 강

"다시 밤이 없겠고 등불과 햇빛이 쓸 데 없으니 이는 주 하나님이 그들에게 비치심이라 그들이 세세토록 왕 노릇 하리로다"(계 22:5)

요한은 생명수의 강을 봅니다. 생명수의 강이 있다는 것은 그곳은 영생의 땅이라는 뜻입니다. 이제 사망은 사라졌습니다. "맨 나중에 멸망 받을 원수는 사망이니라"(고전 15:26). "수정같이 맑은"이라고 번역된 단어의 문자적 의미는 '맑고 투명하게 빛나는'입니다. 그런 강이 성의 길 한 가운데를 가로질러 흐릅니다(2절). 강 좌우에 있는 나무의 잎사귀들은 만국을 치료하기 위하여 있다고 하는데 이것은 질병의 가능성을 말하는 것은 아닙니다. 오히려 질병이 존재할 수 없음을 반어적으로 강조한 것입니다.

특이한 것은 강 좌우에 생명나무가 있다는 것입니다(2절). 이 나무는 에덴에서는 금지되었던 것입니다(창 3:22). 그러나 이제 여기서는 그것을 먹는 것이 허락됩니다. 이것은 천국이 단순히 에덴의 회복이 아님을 나타냅니다. 이제는 모든 것이 완벽하게 되었습니다.

4절은 성도들이 하나님의 얼굴을 볼 것이라고 말합니다. 원래 인간이 하나님의 얼굴을 보면 죽습니다(출 33:20). 그러나 이제는 세상이 완전히 바뀌었습니다. 하나님은 거룩하게 된 주의 자녀들에게 자신을 드러내십니다. 그리고 그들의 이마에 하나님의 이름이 있다는 것은 소유권을 나타냅니다. 얼굴은 인격의 중심부를 뜻합니다. 이제 그들은 완전히 하나님의 사람이 되었습니다. 그리고 5절에서 그들이 세세토록 왕 노릇을 하리라는 표현은 그들이 영원토록 누릴 영광을 뜻합니다. 그들이 다스릴 어떤 인간들이 따로 있다는 뜻이 아닙니다. 우리가 지금 누리고 있는 문명의 이기들은 옛날에는 왕들도 못 누리던 것들이었습니다. 지금은 한반중에도 머리에 헤드폰을 쓰고 오디오 장치의 스위치를 올리면 세계 최고의 오케스트라의 연주를 들을 수 있습니다. 천 년 전에는 아무리 권세가 큰 왕이라 해도 한 밤중에 오케스트라를 소집하여 연주를 들을 수는 없었습니다. 앞으로 우리가 천국에서 왕 노릇을 하게 되리라는 것은 어떤 인간이나 천사를 다스리게 된다는 것이 아니라 그 삶의 영광이 왕의 영광과 같을 것이라는 뜻입니다.

6절은 요한계시록의 내용이 '반드시' 이루어질 것이라고 하셨고 7절은 "이 두루마리의 예언의 말씀을 지키는 자는 복이 있으리라"고 말씀하십니다. 이것들이 의미하는 것은 요한계시록에서 예언하신 것들은 우리가 수동적으로 바라보기만 해도 되는 예언이 아니라 능동적으로 참여해야 하는 예언이라는 뜻입니다. 즉 굳건한 믿음으로 말입니다.

42

요한계시록 22:8-16

두루마기를 빠는 자들이 받을 복

"자기 두루마기를 빠는 자들은 복이 있으니 이는 그들이 생명나무에 나아가며 문들을 통하여 성에 들어갈 권세를 받으려 함이로다"(계 22:14)

8절에 나오는 '이것들'이란 요한계시록 전체의 내용을 말합니다. 요한은 "이것들을 보고 들은 자는 나 요한"(8절)이라고 강조합니다. 이 책의 내용은 어떤 꿈이나 몽롱한 상태에서 경험한 황홀경이 아닙니다. 또 남에게 전해 들은 내용도 아닙니다. 이 책의 내용은 요한이 스스로 보고 들은 아주 확실한 것입니다. 요한이 천사에게 경배하려고 하자 천사는 자신은 "이 두루마리의 말을 지키는 자들과 함께 된 종"(9절)이니 오직 하나님께만 경배를 드리라고 말합니다. 요한계시록이 처음 초대교회에 전해졌을 때 독자들은 9절이 말하는 "말을 지키는 자들"을 자신들이라고 생각했을 것입니다. 그리고 거룩한 천사가 자신들과 천사 자신을 동일시하는 증언을 듣고 큰 용기를 얻었을 것입니다.

요한은 "이 두루마리의 예언의 말씀을 인봉하지 말라 때가 가까우니라"(10절)는 권면을 듣습니다. 요한계시록은 힘든 고난에도 불구하고 믿음을 지킨 성도들이 하나님의 은혜로 궁극적 승리를 얻을 것을 말씀하고 있습니다. 만약 요한계시록을 인봉하고 읽지 않는다면 성도들은 낙심하여 힘을 잃게 될 것입니다. 그러므로 요한계시록은 계속 읽혀져야 합니다. 이것은 21세기를 살아가는 우리들에게도 마찬가지입니다.

11절은 "불의를 행하는 자는 그대로 불의를 행하고 더러운 자는 그대로 더럽고 의로운 자는 그대로 의를 행하고 거룩한 자는 그대로 거룩되게 하라"고 말씀합니다. 이것은 이미 회개의 기회가 사라져 버린 암흑의 시간을 지시하는 것 같지만 그것은 아닙니다. 왜냐하면 바로 다음 절에서 "보라 내가 속히 오리니 내가 줄 상이 내게 있어 각 사람에게 그가 행한 대로 갚아 주리라"(12절)라고 말씀하고 있기 때문입니다. 이것은 분명히 우리가 징벌이 아니라 상을 얻는 자가 되기 위해 노력해야 한다는 격려의 메시지입니다. 그러므로 11절의 말씀도 문자 그대로 해석할 것이 아니라 마지막 순간까지도 회개하지 않고 있는 극악한 죄인들에 대한 회개의 요구로 보아야 할 것입니다.

14절에 "두루마기를 빠는 자들"이 나오는데 헬라어 원문으로는 반복적인 동작을 뜻합니다. 이미 구원 받은 자들도 매일 범하는 작은 죄들을 회개하며 살라는 뜻입니다. 반면 요한계시록 7:14 "어린 양의 피에 그 옷을 씻어 희게 하였느니라"에서 사용된 '씻어'는 문법상 단회적인 동작을 나타냅니다. 즉 죄인이 예수님을 믿어 하나님의 자녀가 되는, 평생 한 번 발생하는 사건을 말합니다. 구원 받은 자는 늘 회개해야 합니다.

43

요한계시록 22:17-21

아멘 주 예수여 오시옵소서

"이것들을 증언하신 이가 이르시되 내가 진실로 속히 오리라 하시거늘 아멘 주 예수여 오시옵소서"(계 22:20)

성령과 께참된 교회의 음성은 곧 성령의 음성입니다. "오라"라는 외침은 복음전도를 말합니다. 그 복음을 받아들인 자도 역시 다른 사람들을 향해 "오라"라고 외쳐야 합니다. 원하는 자는 누구나 값없이 생명수를 받을 수 있습니다. 하지만 그것은 인간에 입장에서 볼 때만 그렇습니다. 하나님께서는 우리가 값없이 생명수를 얻을 수 있도록 하기 위해 성자 예수님을 세상에 보내 죽게 하시는 큰 값을 치르셨습니다. 그 은혜와 사랑과 희생 때문에 목마른 자들은 누구나 값없이 생명수를 얻게 된 것입니다.

18절에서는 이 예언의 말씀에 무엇인가를 더하는 자들이 받게 될 형벌을 말씀합니다. 그것은 이 책에 기록된 재앙들이 그들에게 더해지는 것 즉 궁극적으로는 불못에 던져지는 것입니다. 그리고 19절에서는 이 예언의 말씀에서 무엇인가를 제하여 버리는 자들이 받게 될 형벌을 말씀합니다. 그것은 거룩한 성에 참여함에서 제하여지는 것입니다. 즉 천국에 가지 못한다는 것입니다.

예수님께서 세상에 계실 때 늘 사두개인들과 바리새인들을 꾸짖으셨습니다. 사두개인은 성경 중에서 모세오경 다섯 권만을 성경으로 인정하고 나머지는 성경에서 잘라내 버린 자들이었습니다. 바리새인들은 자신들이 부가적으로 만들어낸 교훈을 시내산에서 받은 하나님의 말씀이라고 주장하며 그것들을 성경에 덧붙인 자들이었습니다. 그 덧붙인 말씀들을 훗날 책으로 정리한 것이 바로 탈무드입니다. 그것은 현자들의 책이기는 하지만 하나님의 말씀은 절대로 아닙니다. 우리는 성경에서 무엇을 잘라내서도 안 되고 거기에 무엇을 덧붙여서도 안 됩니다. 오직 있는 말씀 그대로를 아멘으로 받아들이며 어떻게 해야 그 말씀에 더욱 순종하며 살 수 있겠는지를 평생 고

민하며 살아야 합니다.

아, 드디어 예수님이 마지막 말씀을 일러주십니다. "내가 진실로 속히 오리라"(20절). 예수님께서 반드시 재림하실 것을 알기 때문에 우리의 아픔은 견딜 만한 것이 되고 인생은 살만한 의미를 지니게 됩니다. 예수님께서 진실로 속히 오실 것을 믿기 때문에 우리는 세상의 헛된 영광을 추구하지 않고 오직 하나님만 바라보며 일생을 살게 됩니다. 우리 모두 요한과 함께 외칩시다. "아멘 주 예수여 오시옵소서"(20절).